Lüneburg

mit Amelinghausen, Bleckede,
Scharnebeck und Undeloh

EDITION TEMMEN

Lüneburg

mit Amelinghausen, Bleckede, Scharnebeck und Undeloh

Ein illustriertes Reisehandbuch

von Michael Schnelle

EDITION TEMMEN

Geschichte

Sightseeing

Ausflüge

Willkommen in Lüneburg

Der 12. September 1980 war ein historischer Tag in der Stadtgeschichte Lüneburgs, denn da nahm die Bevölkerung im Fürstensaal des Rathauses Abschied vom einst wichtigsten Unternehmen der Stadt. Nach mehr als 1000 Jahren musste die Saline, das **Salzwerk**, aus wirtschaftlichen Gründen ihren Betrieb einstellen.

Heute präsentiert sich Lüneburg als eine der schönsten Städte Deutschlands. Zwar gab sie der Heide ihren

Berühmte Persönlichkeiten haben die Stadt in der Vergangenheit besucht oder hier gelebt. Dazu gehört **Johann Sebastian Bach**, der als Jugendlicher für zwei Jahre (vom Frühjahr 1700 an) in Lüneburg lebte. Hier bekam er wesentliche Anregungen für sein späteres Schaffen. Lüneburg ist aber auch die Heimat eines Komponisten, dessen Werke bekannter sind als sein Name. Gemeint ist **Johann Abraham Peter Schulz**, der die bekannten Melodien »Der Mond ist aufgegangen« und »Ihr Kinderlein kommet« komponiert hat. **Heinrich Heines** Eltern lebten hier von 1822 bis 1828, und so kam auch ihr Sprössling nach Lüneburg zu Besuch – sein vernichtendes Urteil lautete damals: »Ich bin jetzt wieder in Lüneburg, in der Residenz der Langeweile. Bildung ist hier gar keine, ich glaube, auf dem Rathaus steht ein Kulturableiter. Aber die Menschen sind nicht so schlimm.« **Hans Christian Andersen**, Dänemarks Märchendichter, besuchte die Stadt 1831 und fand sie wohl ebenfalls langweilig. So hielt er in seinem Tagebuch fest: »Es war gegen 11 Uhr, alles in dieser merkwürdigen alten Stadt, die mir so fremd erschien, war still ...« **Hermann Löns**, der 1866 geborene Heimatdichter, empfahl dagegen den Besuch Lüneburgs und gab folgenden Rat: »Wenn ihr des Schaffners Ruf hört: ›Lüneburg, zwei Minuten‹, dann nehmt Reisetasche und Schirm, springt hinaus aus dem Abteil, überschlagt einen oder zwei Züge ... und seht euch die schöne alte Stadt an.«

Namen, profitiert aber nicht nur von der Nähe zur Lüneburger Heide, sondern auch zur Elbe. **Lüneburg** bietet jedoch mehr als romantische Giebel aus Gotik, Renaissance und Barock, denn rund 10.500 Studenten verleihen der Stadt ein jugendliches Flair. Außerdem gibt es ein großes kulturelles Angebot, wozu Theater, Kinos, Kleinkunst, Sonderveranstaltungen, diverse Kneipen, Diskotheken und Restaurants aller Art gehören.

Land & Leute

Lüneburg – mittelalterliche Schatztruhe

Mit **1400 Baudenkmälern** aus dem Mittelalter ist Lüneburg heute wahrlich eine Schatztruhe, und alles verdankt sie ihrem früheren Reichtum durch das Salz. Der Salzstock unter der Altstadt wurde schon im 9. Jh. entdeckt. Auch wenn das Salzwerk vermutlich älter ist, wurde es erstmals 956 erwähnt. Damals verfügte König Otto I. in einer Urkunde, dass der für das verkaufte Salz zu zahlende Zoll an das Kloster St. Michaelis auf dem Kalkberg abzuführen sei.

Salz bedeutete damals Reichtum. Das »weiße Gold« wurde weniger zur Geschmacksverfeinerung von Speisen verwendet, sondern war das einzige verfügbare Konservierungsmittel für Lebensmittel. Die **Salzgewinnung** und der Salzhandel brachten Lüneburg einen enormen Reichtum. Zur Spitzenzeit waren etwa 1000 »Sül-

➤ Salzsiedepfanne im Deutschen Salzmuseum

➤ Zahlreiche mittelalterliche Bauten prägen noch heute Lüneburgs Stadtbild: Utluchten in der Neuen Straße

zer« beschäftigt, um jährlich bis zu 25.000 t Salz zu produzieren.

Der **Kalkberg** ist das Zentrum eines Salzstocks von 1,2 km², der bis in eine Tiefe von 400 m reicht. Die aus diesem Salzstock quellende Sole wurde an die Oberfläche geholt, in einem Solebrunnen gesammelt und in 54 Siedehäuser geleitet, wo man die Sole in bis zu 216 Pfannen verkochte. Zum Befeuern der Siedepfannen benötigte man viel Holz, und das gab es vor der Haustür – in der **Lüneburger Heide**. Die wies damals noch einen dichten Buchen- und Eichenbestand auf. Auch für Schiffe und Häuser benötigte man Holz und so verödete die einstige Waldlandschaft – das Heidekraut gedieh und breitete sich aus.

Zur Blütezeit des Salzwerkes waren ca. 15 % der etwa 14.000 Einwohner von Lüneburg direkt vom Salz abhängig. Es war die größte Saline Deutschlands, und in der zweitgrößten, in Halle an der Saale, produzierte man nur 5 bis 15.000 t Salz jährlich.

Hauptnutznießer der Saline waren die »**Sülfmeister**«, die Siedeberechtigten, die das Salz von ihren Arbeitern herstellen ließen. Ihre Macht war so groß, dass sie von der zweiten Hälfte des 14. Jhs. bis 1619 allein im Stadtrat saßen. Absatzprobleme gab es erst im 17. Jh., von denen auch eine Betriebsreform im Jahre 1799 nur eine kurze Erholung brachte, denn die Lüneburger Saline sah sich einer immer stärkeren, internationalen Konkurrenz ausgesetzt. In den 1970er Jahren wurde sie schließlich von einem niederländischen Konzern übernommen und musste 1980 endgültig ihren Betrieb einstellen.

Durch den Salzabbau und die jahrhundertelange Abpumpung der Sole kam es schon früh zu **Senkungserscheinungen** im Stadtgebiet Lüneburgs. Der erste Erdeinbruch datiert aus dem Jahr 1013. In der westlichen Altstadt wurden zwischen 1950 und 1980 fast 180 Häuser mit über 600 Wohnungen abgerissen. Hintergrund

11

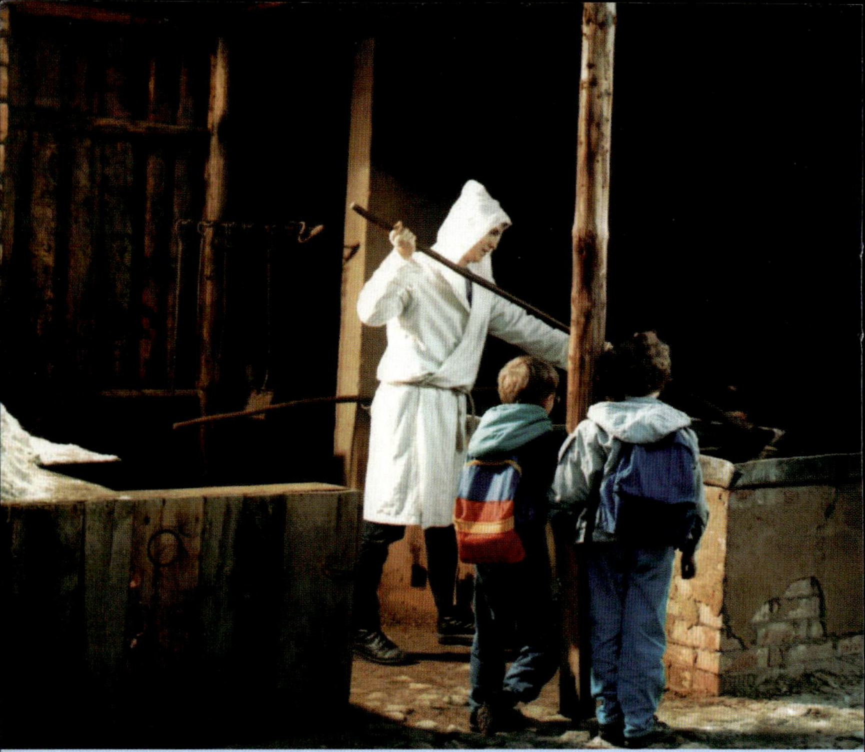

➢ Schausieden im Deutschen Salzmuseum

Die Saline von Lüneburg

Die frühere Saline, auch Sülze genannt, galt einst als Quelle des Reichtums der Stadt. Erstmals 956 erwähnt, war sie über 1000 Jahre bis 1980 in Betrieb und besteht heute im **»Deutschen Salzmuseum«** fort. Der Lüneburger Salzstock hat in Oberflächennähe eine Ausdehnung von 1,2 km^2. Schon 40 m unter der Erdoberfläche ist pures Salz zu finden, das bis in eine Tiefe von 400 m hinabreicht. Da das Salzwasser nicht an die Oberfläche gelangte, war man gezwungen, die Salzquellen bergmännisch auszubeuten.

Die Saline war in die Stadtbefestigung integriert, aber noch von einer weiteren Mauer umgeben. Zu Spitzenzeiten wurde das Salz in 54 Siedehütten hergestellt, die sternförmig um den Solebrunnen gruppiert waren – bis zu 216 Siedepfannen waren im Einsatz. Die Salzproduktion erfolgte bis zur Schließung der Saline immer auf gleiche Art und Weise. Unterirdische Sole- bzw. **Salzwasserquellen** wurden

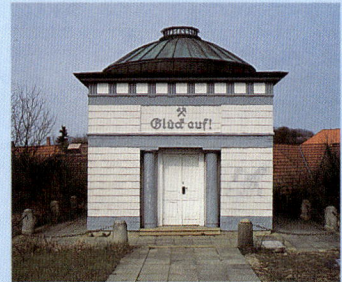

an die Erdoberfläche gefördert, vom Brunnen in die Siedehäuser geleitet und in den Pfannen zu Salz gekocht – eine harte Arbeit, die die Pfannenbesitzer nicht selbst verrichteten. Pfannenbesitzer waren so genannte Sülzprälaten, die die Pfannen an die Sülfmeister verpachteten, die ihrerseits die Siedearbeiter beschäftigten. Die Siedepfannen waren 1 m² groß und 10 cm dick. Es wurde in zwei Schichten 24 Stunden am Tag gearbeitet. Pro Siedehaus gab es vier Pfannen, und innerhalb eines Tages schaffte man acht bis 13 Salzsiedungen. Ihre Blütezeit erlebte die Saline von 1560–1620, als bis zu 25.000 t Salz pro Jahr gewonnen wurden. Auch andere Wirtschaftszweige entstanden in Zusammenhang mit der Saline, z.B. Böttcher (Fassmacher), Salzmesser, Träger oder Schiffer.

Die Reformation und dadurch veränderte Fastenregeln, geringere Fangmengen des Ostseeherings, der allmähliche Niedergang der Hanse und die Konkurrenz durch preiswerteres Meersalz aus Frankreich führten zum langsamen Niedergang der Saline. Auch die Entwicklung einer **Pumpanlage** durch Senator Manecke und Ernst George Sonnin im Jahr 1782, die durch Wasserkraft Tag und Nacht in Bewegung gehalten werden konnte, verzögerte lediglich den Prozess. 1799 wurden die Sülfmeister entmachtet, und die Umstellung brachte nochmals eine kurze Blütezeit. Die Salzförderung an sich hatte über lange Zeit manchem Lüneburger den Schlaf geraubt, denn geräuschlos war die Förderung nicht. Das änderte sich erst 1866, als das Sonnin'sche Pumpsystem ausgedient hatte. 1924 bezog man ein neues Salinenhaus. Trotzdem sah man sich immer stärkerer, preiswerterer Konkurrenz gegenüber.

In den 1970er Jahren übernahm der niederländische AKZO-Konzern die Saline. Nachdem die Energiekosten für die zuletzt schwerölbeheizten Siedepfannen zu hoch geworden waren, kam am 6. September 1980 das endgültige Aus. Die Lüneburger Saline wurde geschlossen.

➢ Alter Solebehälter (oben),
Salzsieder bei der Arbeit (unten)

13

➤ Senkungserscheinungen in der Frommerstraße

noch heute die früheren Arbeitsbedingungen anschaulich nachvollziehen kann, und wer die Sole hautnah spüren möchte, der besucht die beliebte **Salztherme SaLü**. Im angrenzenden Kurpark kann man die mit Sole angereicherte Luft am Gradierwerk inhalieren.

Tausende Besucher bestaunen alljährlich die Schätze der Stadt, darunter das Rathaus, eines der ältesten und schönsten Deutschlands, die Hauptkirche St. Johannis am Platz »Am Sande« mit einem der schönsten Giebelensembles Norddeutschlands, das Wasserviertel, die Kirchen St. Nicolai und St. Michaelis, das Kloster Lüne oder eines der vielen Museen, Ausstellungen und Galerien. Etliche der denkmalgeschützten Gebäude in der

war aber auch, das Stadtgebiet zu sanieren und als städtebauliches Kleinod zu erhalten.

1989 wurde das »Deutsche Salzmuseum« eröffnet, in dem der Besucher

➤ Prächtiges Giebelhaus
in der Grapengießerstraße Nr. 15

Alte Salzstraße

Das kostbare Lüneburger Salz wurde über einen uralten Heer- und Handelsweg zum Export nach Lübeck gebracht – offiziell hieß dieser Weg Königsweg (via regia), der Volksmund nannte ihn schlicht Lüneburger Frachtweg.

Das Salz war früher nicht nur ein kostbares Gewürz, sondern das wichtigste Konservierungsmittel, vor allem für Heringe oder andere Fische, die in der Ostsee gefangen wurden. Über 20 Tage benötigten die Karren für den rund 100 km langen Weg von der Saline in Lüneburg bis zu den Salzspeichern in Lübeck – heute braucht man nicht einmal zwei Stunden mit dem Auto! Einige historische Teilstücke dieses alten Güterweges kann man heute noch per Fahrrad oder zu Fuß erkunden.

Der heute übliche Terminus »Alte Salzsstraße« geht wohl auf erste Versuche touristischer Werbung zurück, denn der Begriff wurde erstmals 1927 in einem Heimatkunde-Heft verwendet. Ebenfalls aus dieser Zeit stammen Namen wie »Weinstraße« oder »Bergstraße«.

14

Salz – das »Weiße Gold«

von Tobias Hametner

Salz ist ein notwendiger Bestandteil unserer Ernährung – wir benötigen es unter anderem für die Regulierung unseres Wasserhaushalts und den Stoffwechsel. Dennoch kann der menschliche Körper es nicht selbst bilden. In früheren Zeiten wurde ein Großteil des Salzbedarfs durch die Aufnahme tierischer Nahrung abgedeckt, heutzutage wird unserer Nahrung industriell Salz zugesetzt, um unseren Salzbedarf zu decken – viele Lebensmittel, vor allem Brot, Wurst und Käse, sind dadurch schon künstlich »vorgesalzen«.

Eine weitere Eigenschaft des Salzes machte es aber vor allem früher wertvoll für die Menschen: Da es Bakte-

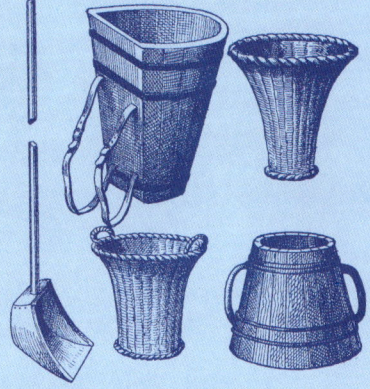

➤ Arbeitsgerät zum Salzabbau

rien das Wasser entzieht, war es zum Konservieren von Speisen – größtenteils Fleisch und Fisch, aber auch Butter – beinahe unerlässlich.

Dadurch – und durch sein regional begrenztes Vorkommen – war Salz ein begehrtes Handelsgut. Vor allem im Mittelalter sorgte es für ein blühendes Wachstum der Salz produzierenden Städte wie zum Beispiel Lüneburg, Bad Reichenhall oder Halle – »hall« ist hierbei der althochdeutsche Ausdruck für Salz. Doch auch indirekt wurde an dem Salzhandel verdient. Es wurden Salzsteuern erhoben, Rechte zum Salzsieden wurden gegen Pacht vergeben und Städte und Burgen an den Salzstraßen kassierten Zölle und Mautgebühren. So ließ beispielsweise Heinrich der Löwe 1156 bei Freising eine Brücke über die Isar zerstören um den Salzhandel zwischen Reichenhall und Augsburg zu blockieren. Der

➤ Das Gradierwerk diente zur natürlichen Verdunstung des Wassers, um den Salzgehalt der Sole zu erhöhen – erst später erkannte man die heilende Wirkung der salzhaltigen Luft

16

> Salzfelder in der Bretagne

neue Weg führte über eine Brücke nahe der Siedlung »Munichen« – München erblühte zu einer wohlhabenden Stadt.

Zur Salzgewinnung gibt es verschiedene Methoden: Durch das Verdunsten von Meerwasser – z.B. in so genannten »Salzgärten« bei den Griechen und Römern – entstehen Salzrückstände. Diese werden gesammelt und weiterverwendet; eine ähnliche Möglichkeit besteht darin, Wasser aus natürlichen Salzquellen, die so genannte »Sole«, auszukochen. Der direkte Abbau von Steinsalz in Bergwerken ist aufwändiger und war vor den Möglichkeiten durch maschinelle Unterstützung sehr mühsam. Schon ca. 1000 v. Chr. entstand bei Hallstadt in Österreich das erste Salzbergwerk. 600 Jahre lang, bis zum Ende der Hallstatt-Kultur, wurde dort von den Kelten in schweißtreibender Arbeit Salz abgebaut. Danach gab es erst im 19. Jahrhundert wieder bedeutende Salzbergwerke, nachdem Salzvorkommen gezielt lokalisiert werden konnten. Heutzutage ist diese Möglichkeit durch neue Formen des Abbaus sehr verbreitet. Ein im Mittelalter hauptsächlich genutzter Weg

ist die künstliche Erzeugung der Sole. Hierbei wird Wasser in vorher geschaffene Hohlräume im Salzgestein geleitet und das so gesättigte Wasser in den Salinen in riesigen Pfannen gesiedet. Zurück bleibt festes Salz.

Durch diese Form der Salzsiederei wurde Lüneburg während des Mittelalters zu einer reichen Stadt und ein wichtiges Mitglied der Hanse. Da diese aber zugleich der Hauptabnehmer für das Salz war, setzte mit dem Niedergang der Hanse im 17. Jahrhundert auch der ökonomische und politische Niedergang Lüneburgs ein. Verbunden mit der Konkurrenz durch billiges Meersalz aus Frankreich und andere Einflussfaktoren wie zum Beispiel den Siebenjährigen Krieg (1756–1763) verlor die Saline immer mehr an Bedeutung. Erst im 19. Jahrhundert konnte Lüneburg sich wieder erholen, was 1820 von der Errichtung eines Solebads begleitet wurde, welches noch heute der Entspannung dient.

17

> Am Sande: einer der mittelalterlichen Hauptplätze mit seinen prächtigen Bürgerhäusern

Innenstadt verdanken wir den schon erwähnten »Sülfmeistern«. Im Mittelalter gab es etwa 30 Sülfmeister-Familien, die durch das Salz über einen großen Reichtum verfügten. Ihre soziale Stellung spiegelt sich in ihren prunkvollen Häusern wider. Die Nähe zum Rathaus oder zu den großen Kirchen war gewollt, um der weltlichen bzw. geistigen Herrschaft den eigenen Glanz zu zeigen.

Lüneburg war im Laufe der Geschichte auch eine der großen deutschen **Garnisonsstädte**. Die 1935 für die deutsche Wehrmacht erbaute Scharnhorstkaserne wurde nach dem Ende des Zweiten Weltkrieges zunächst von britischen Truppen genutzt und 1958 an die Bundeswehr übergeben. 1994 wurde die Hochschule in den Gebäuden untergebracht, seitdem hat sich die Universität als »weißes Gold der Neuzeit« entpuppt, denn sie ist heute ein wichtiger Arbeitgeber in der Stadt – rund **10.500 Studenten** lassen zusätzliche Finanzmittel in die Stadt und die Region fließen. Mit zukunfts-

weisenden Studiengängen bietet die Universität aber auch den ansässigen Firmen die Möglichkeit, qualifiziertes Personal vor Ort zu finden. Die Studenten verhelfen der Stadt zu einem jugendlichen Flair – und zu einer einmaligen Kneipendichte, nach Madrid der zweithöchsten Europas.

Auch im Verwaltungs- und Behördenbereich hat **Lüneburg** eine große Bedeutung. Als wirtschaftliches und kulturelles Zentrum Nordostniedersachsens sitzen hier die (niedersächsische) Regierungsvertretung, die Kreisverwaltung, die Industrie- und Handelskammer Lüneburg-Wolfsburg, die Handwerkskammer Lüneburg-Stade sowie mehrere Gerichte, namentlich das Oberverwaltungs- und Verwaltungsgericht, das Land- und Amtsgericht sowie das Arbeits- und Sozialgericht.

Mit der benachbarten über 10.000 Einwohner zählenden Gemeinde **Adendorf** (5 km nordöstlich) ist Lüneburg vollständig zusammengewachsen. Sie hat sich einen Namen als überregiona-

> Blick in die Heiligengeiststraße

les **Sport- und Freizeitzentrum** gemacht, denn dort findet man in der Sportmeile am Scharnebecker Weg Freibad, Sauna mit Fitnesszentrum, Eissporthalle, Golfplatz und das Kinderspielparadies **Kindertobeland**. In Adendorf befindet sich aber auch das älteste kirchliche Gebäude des Landkreises Lüneburg, die Johanneskapelle aus dem Jahr 1258.

Als Sitz des Landkreises ist Lüneburg das **wirtschaftliche und kulturelle Zentrum** der Region. Mit 176.250 Einwohnern (2007) auf 1323 km² ist dieses Gebiet, das von der Elbe bis zur Lüneburger Heide reicht, eher dünn besiedelt. Als Besonderheit gehört zum Landkreis ein Stück der ehemaligen Deutschen Demokratischen Republik, denn die Gemeinde Amt Neuhaus kam nach der Wiedervereinigung per Staatsvertrag der Länder Niedersachsen und Mecklenburg-Vorpommern aufgrund historischer Beziehungen wieder zum Landkreis Lüneburg.

Lüneburg bietet aber auch eine hohe Wohnqualität mit viel Grünzonen und einem Umland, das zu vielen Ausflügen lockt. Es gibt ein großes Radwegenetz, man kann wandern, reiten oder Bootstouren auf der Ilmenau unternehmen. Aber auch die in diesem Reisehandbuch beschriebenen Städte und Ortschaften in der Umgebung von Lüneburg bieten zahlreiche Attraktionen und sind nicht nur ein lohnendes Ausflugsziel von Lüneburg, sondern eignen sich genauso für einen Urlaubsaufenthalt.

Leuphana Universität Lüneburg

Die **Leuphana Universität** entstand am 1. Januar 2005 durch Fusion der alten Universität mit der Fachhochschule Nordostniedersachsen und ist seither Modelluniversität für die Umsetzung des Bologna-Prozesses. Der seit 2007 benutzte Name »Leuphana« stammt von einer kleinen Siedlung na-

> Folgende Doppelseite:
> Prunkvolle Giebel Am Sande

19

➢ Blick in einen der modernen Hörsäle

he der Elbe, die auf einer historischen Karte erwähnt ist. Wenngleich es heute drei Standorte im Stadtgebiet gibt, ist der Hauptsitz das ehemalige Gelände der **Scharnhorst-Kaserne** und eine Sehenswürdigkeit für Touristen.

Die Universitätsgeschichte begann 1946 mit der Gründung der Pädagogischen Hochschule, die 1969 in eine Abteilung der Pädagogischen Hochschule Niedersachsen und 1978 in die wissenschaftliche Hochschule Lüneburg umgewandelt wurde. Im Mai 1989 erfolgte die Ernennung zur **Universität**. 1991 wurde der Kasernenbetrieb eingestellt und der Gebäudekomplex der Universität zur Verfügung gestellt. Gab es vorher 17 Lehrplätze im Stadtgebiet, entstand in der Folgezeit auf dem rund 15 Hektar großen, teilweise parkartigen Gelände eine moderne Campus-Universität, die sich wegen ihrer Überschaubarkeit sowie des harmonischen Nebeneinanders von alten Backsteinbauten

und zukunftsweisender Architektur großer Beliebtheit erfreut. Während der EXPO 2000 war die Universität als Außenstandort der Weltausstellung Anziehungspunkt für Besucher aus aller Welt. Das ehemalige EXPO-Besucherzentrum wird heute als Campus-Center genutzt. Die ursprünglich eigenständige Fachhochschule Nordostniedersachsen ent-

stand 1971 durch Zusammenlegung der Staatlichen Ingenieursakademie für Wasserwirtschaft und Kulturtechnik in Suderburg und der Staatlichen Ingenieursakademie für Bauwesen in Buxtehude. 1978 wurden die Fachbereiche Sozialwesen und Wirtschaft in Lüneburg eingerichtet, der Sitz 1981 nach Lüneburg verlegt. 1992 kam der Studiengang Automatisierungstechnik hinzu, 1994 Wirtschaftsrecht und 1999 Wirtschaftspsychologie. Zuletzt bot die Fachhochschule in acht Fachbereichen elf Grund- und neun weiterbildende Studiengänge an.

Im Rahmen eines Optimierungskonzeptes wurden beide Hochschulen zum 1. Januar 2005 zu einer **Modelluniversität im Bologna-Prozess** zusammengeführt. Seit dem Wintersemester 2007/08 bietet ein College Studienmöglichkeiten mit zwölf Schwerpunkten als Einstiegsstudium (Bachelor-Abschluss) an. Eine Graduate School führt darauf aufbauend zum Master-Abschluss und eine Professional School bietet verschiedene, zum Teil berufsbegleitende Studienangebote. Die **Leuphana Universität** genießt einen hervorragenden Ruf und wird unter den zehn besten Deutschlands genannt.

▸ Universität Lüneburg, Scharnhorststr. 1 (21335), Verwaltungssitz im Gebäude 10, Postanschrift mit PLZ 21332, Tel. 6770, Fax 677-1099, www.leuphana.de

Auf dem Campus-Gelände liegt auch die Universitätsbibliothek mit einem Bestand von rund 350.000 Bänden und 900 laufenden Zeitschriften. Sie steht auch Nichtstudierenden offen.

Universitätsbibliothek, Scharnhorststr. 1 (21335), Tel. 677-1100, www.leuphana.de, Vorlesungs-

zeit: Mo–Do 9–21 Uhr, Fr 9–20 Uhr, Sa 10–18 Uhr, Vorlesungsfreie Zeit Mo–Fr 9–19 Uhr

Viel besucht ist auch die VAMOS! Kulturhalle auf dem Universitätsgelände, das Kultur- und Kommunikationszentrum mit dem längsten Tresen Lüneburgs und Veranstaltungsort zahlreicher Events.

Sole- und Moorheilbad Lüneburg

Seit 1976 ist der **Kurbetrieb** staatlich anerkannt, wenngleich Lüneburg nicht den Titel »Bad« trägt, doch seine Wurzeln sind uralt. Bereits 1277 hatte man im Heiligen-Geist-Hospital kranken und alten Menschen mit Solebädern Linderung verschafft. Die eigentliche Geburtsstunde des Heilbades liegt

23

jedoch um das Jahr 1813/14, als erste Holzbadewannen aufgestellt wurden, in denen man Solebäder genießen konnte. Schon 1820 wurde an der Ecke Lindenstraße/Sülztorstraße ein erstes Badehaus mit 12 Wannen errichtet.

1907 wurden dann ein neues, großzügiges **Kur- und Badehaus** sowie eine Trink- und Lesehalle eröffnet. Der schlossähnliche Bau mit Kuppel und Säuleneingang verfügte über acht Holzwannen, fünf geflieste Wannen, sieben Kinderbäder sowie vier Moorbadezellen. 1910 kam das Gradierwerk hinzu und seit 1923 erhob man Kurtaxe. Das Gebäude wurde 1971 abgerissen und 1973 eröffnete man das heutige Kurzentrum mit Wellenbad, 1978 das benachbarte Kurhotel Seminaris. Die Lüneburger Sole mit einem Salzgehalt von 26 % kommt auch heute noch im Kurzentrum bei jährlich etwa 80.000 Anwendungen zum Tragen, und über 300.000 Besucher im Jahr zählt die Salztherme, das Freizeitbad SaLü.

▶ Tagesklinik am Kurpark (ambulante Rehabilitation), Uelzener Str. 1–5 (21335), Tel. 70976-700, Fax 70976-777, www.tagesklinik-am-kurpark.de, Mo–Fr 8–18 Uhr

▶ Salztherme Lüneburg (SaLü) im Kurzentrum, Freizeitbad mit Sole-Wellenbad, Sole-Außenbecken, Sole-Bewegungsbad, Riesenrutsche, Solarien und großer Sauna- und Wellnesslandschaft, Tel. 723110, Fax 723123 (auch für das Hallenbad), www.kurzentrum.de, Mo–Sa 10–23 Uhr, So 8–21 Uhr

▶ Hallenbad im SaLü, Mo 15–18 Uhr, Di u. Do 6.30–9 Uhr u. 16–19 Uhr, Mi 6.30–9 Uhr u. 15–21 Uhr, Fr 6.30–9 Uhr u. 15–19 Uhr, Sa 6.30–18 Uhr, So 9–17 Uhr, nur für Damen Do 14–16 Uhr, an Feiertagen und während der Sommerferien geschlossen

Freizeit, Kultur und Unterhaltung

In Lüneburg hat man wahrlich die Qual der Wahl, wenn man etwas unternehmen möchte (siehe Informationen A – Z).

Die meisten der **Sehenswürdigkeiten** (Museen, Ausstellungen, Kirchen und historische Gebäude) werden im Rahmen der Stadtrundgänge (Sightseeing) beschrieben. Wer eine Stadtbesichtigung nicht auf eigene Faust unternehmen möchte, kann sich auch einem Rundgang mit offiziellem Stadtführer anschließen. Die Tourist-Information hat spezielle Rundgänge von unterschiedlicher Dauer ausgearbeitet.

▶ Informationen und Buchung: Tourist-Information im Rathaus, Am Markt, Tel. 20766-20, Fax 20766-44, touristik@lueneburg.de, www.lueneburg.de

Alternativ kann man Lüneburg auch mittels Pferdekutsche erkunden. Die Rundfahrt führt zu den wichtigsten Sehenswürdigkeiten in der Innenstadt und dauert ca. 75 Min.

▶ Reguläre Touren in der Saison Di, Do u. Fr 11.30, 13 und 14.30 Uhr ab Rathaus/Waagestraße.

▶ Information und Buchung (auch für Gruppen-Sonderfahrten): Andreas Gensch, Am Bahndamm 15, 21358 Mechtersen, Tel. 04178/8542 oder 0172/4290402, Fax 04178/8656, www.erlebnis-kutschfahrten.de

Salzige Stadtbesichtigungen werden über das Deutsche Salzmuseum und von der Tourist-Info angeboten, siehe dort.

➤ Typischer Treppengiebel am Platz Am Sande

➤ Mediterranes Flair Am Stintmarkt

Äußerst beliebt ist natürlich auch eine Besichtigung des Rathauses mit seinen mittelalterlichen Räumlichkeiten.

▶ Führungen für Einzelpersonen: Apr–Dez 10, 11.30, 13, 14.30 und 15.30 Uhr, Jan–Mrz Di–Sa 10, 11.30, 13.30 und 15 Uhr, Gruppenführungen nach Vereinbarung, Anmeldung unter Tel. 2076620, Fax 2076644, www.lueneburg.de

Kulinarisch bieten die **Restaurants** der Stadt von einfach bis gehoben, von regionalen Spezialitäten bis zur internationalen Küche eine breite Palette. Darüber hinaus findet man nicht zuletzt durch das studentische Leben über 350 Kneipen in der Stadt. Jüngere Semester erfreuen sich mehrerer Diskotheken und der VAMOS! Kulturhalle auf dem Universitätsgelände. An warmen Sommertagen fühlt man sich im Hafenviertel »Am Stintmarkt«, in der »Schröderstraße« oder am Platz »Am Sande« nach Italien versetzt. Viele Lokalitäten bieten zeitweise Livemusik an. Mehrere Theater, Kinos, Konzerte in Kirchen und anderen Veranstaltungsstätten, Jazzmusik, Kleinkunstvorführungen uvm. runden das abendliche Angebot ab. Speziell das Stadttheater versucht, möglichst viele Bereiche abzudecken. So werden nicht nur Theaterstücke aller Stilrichtungen aufgeführt, sondern auch Operetten, Ballett und Oper. Daneben gibt es eine große Anzahl von Amateurbühnen, die ebenfalls regelmäßig Aufführungen anbieten.

Wer gern die frische Luft genießt, findet in Lüneburg **zahlreiche Grünzonen**. Beliebt sind u.a. das Areal um den Kreidebergsee nördlich des Stadtzentrums, im Süden Kurpark und Tiergarten sowie Spaziergänge entlang der alten Landwehr am Stadtrand. Radfreunde finden in der Umgebung ein riesiges, überwiegend ausgeschildertes Radwegenetz sowie im hinteren Buchteil einige Tourenvorschläge und im Infoteil auch Adressen, wo man sich ein Fahrrad leihen kann. Wer nicht gern allein radelt, der kann sich auch einer vom ADFC organisierten Radtour anschließen.

Feste und Feiern

Frühjahrsmarkt

Den Besucher erwartet Ende April auf dem Festplatz »Sülzwiesen« ein bunter Jahrmarkt, von der Waffelbäckerei über den Autoscooter und diverse Fahrgeschäfte bis zum Riesenrad hin.

Museumsnacht

Per Kutsche geht es an einem Samstag Mitte Mai durch die mittelalterlichen Gassen von einem Museum zum anderen. Unterhaltung, Spezialitäten, Gesang, Tanz und mehr warten auf die Besucher in den Museen selbst.

Stadtfest

Mitte Juni sind die Straßen und Plätze der Innenstadt Austragungsort des Stadtfestes, bei dem es auf mehr als 10 Bühnen ein Liveprogramm mit Musik, Sport und Tanz gibt.

Kinderfest

An einem Samstag in der zweiten Julihälfte stehen schließlich die »Kleinen« in der gesamten Innenstadt im Mittelpunkt, und der Platz »Am Sande« verwandelt sich dann in einen riesigen Spielplatz für Kinder.

Nacht der Romantik

Am letzten Juli-Samstag erstrahlt der Kurpark in einer stimmungsvollen Illumination. An verschiedenen Standorten werden Kleinkunst, Musik, Freiluft-Kino und Kulinarisches angeboten. Höhepunkt ist ein abschließendes Barock-Feuerwerk.

Lüneburger Literaturnacht

Der illuminierte Klosterhof hinter der Ratsbücherei bildet am letzten August-Samstag die Kulisse für verschiedene Kurzgeschichten, die von Lüneburgern geschrieben wurden oder aber in Lüneburg spielen und von Schauspielern vorgetragen werden.

Bayerisches Oktoberfest

Wer es nicht zum Oktoberfest nach München schafft, kann auch in der ersten Septemberhälfte auf den Sülzwiesen in Lüneburg feiern. Fahrgeschäfte und süße Leckereien warten auf die Besucher, und im Festzelt für 2800 Gäste ist für Speis und Trank bei fröhlicher Musik gesorgt.

➤ Der Rat der Stadt im Kostüm

Lüneburger Bachwoche

Alle zwei Jahre werden in der ersten Septemberhälfte Werke des Komponisten an unterschiedlichen Orten aufgeführt. Veranstalter sind die Freunde der Lüneburger Bachwoche e.V. Kartenvorverkauf über die LZ-Veranstaltungkasse, Tel. 74 04 44.

Sülfmeistertage

Anfang Oktober feiert Lüneburg für drei Tage sein größtes Fest, auch bekannt als »Kopefest« (Infos unter www.suelfmeistertage.de). Es wurde bereits 1472 erstmalig erwähnt. Dazu gehören wilde Wettkämpfe, Musik, Tanz,

➤ Der bunte Umzug bei den Sülfmeistertagen

Theater und ein grandioser Festumzug mit über 100 Gruppen und über 2000 Mitwirkenden.

Weihnachtsmarkt

Alljährlicher Höhepunkt ist der Weihnachtsmarkt unter dem Motto »Giebel erstrahlen im Licht«, von Ende November bis vor Weihnachten. Der Markt und die Fußgängerzone verwandeln sich dann in eine Märchenwelt, und die Giebel der historischen Häuser erstrahlen im festlichen Glanz. Der Markt vor dem historischen Rathaus ist immer von 10–19 Uhr geöffnet. Um 16 Uhr kommt der Weihnachtsmann und verteilt Geschenke an die Kinder. Anschließend, um 16.45 Uhr, erklingen Chöre und Trompetenspieler mit weihnachtlichen Melodien aus dem Rathaus.

Historischer Christmarkt

Ein weiteres vorweihnachtliches Juwel am ersten Dezemberwochenende: Handwerker und Händler bieten dann rund um die Michaeliskirche in Holzbuden und in Trachten des 16. Jh. ihre Produkte an. Ein musikalischer Höhepunkt ist der Auftritt des Knabenchors der Michaeliskirche, der dann Weihnachtslieder singt.

▶ ADFC, Katzenstr. 2 (21335),
Tel. 47823, Fax 47512,
www.adfc-lueneburg.de

Die Umgebung von Lüneburg bietet viel ursprüngliche Natur, und so kommen auch Wanderfreunde auf ihre Kosten. Sie finden schöne **Wanderstrecken** in der Lüneburger Heide, entlang der Elbe oder im Waldgebiet der Göhrde. Einige Tourentipps finden sich ebenfalls im hinteren Teil des Buches. Auf der Ilmenau, dem Elbeseitenkanal und der Elbe werden **Ausflugfahrten** per Schiff angeboten. Ilmenau, Neetze und Luhe können aber auch mit dem eigenen oder Leihboot erkundet werden. Reitfreunde schließlich finden im Umland ein attraktives Reitwegenetz und auch entsprechende Übernachtungsmöglichkeiten.

Kulinarisches

Lüneburg bietet eine breit gefächerte Esskultur. Die heimische Küche baut natürlich auf den typischen Produkten der Region auf – dazu zählen u.a. **Heidschnucke**, Heidekartoffeln, Honig, Heidelbeere und Fisch. Auf Speisekarten mit regionaler Küche findet man immer Heidschnucken- und andere Wildgerichte. Fast immer wird auch Fisch angeboten, z.B. Matjes, Forelle oder Aal. Dazu gehört aber auch der **Stint**, ein kleiner Fisch, der im Frühjahr Saison hat. Zwischen Ende April und Juni gibt es vielerorts frischen Spargel mit Schinken. Beliebteste Beilage sind natürlich Heidekartoffeln, aber es werden auch Buchweizennudeln serviert. Zu den Klassikern in den zahlreichen Cafés gehören selbstverständlich Buchweizen- und Heidelbeertorte.

Eine gute Übersicht über Restaurants mit regionaler Küche, Hofcafés und Hofläden enthält die Broschüre »Regionale Esskultur«.

▶ Verein für Regionale Esskultur im Regierungsbezirk Lüneburg e.V., Am Graalwall 4, Zimmer 1a (21335), Tel. 26-1449, Fax 26-1665, www.regionale-esskultur.de

➢ Spezialitäten aus Lüneburg und der Umgebung: Heidschnuckenbraten (oben), Buchweizenpfannkuchen (mitte), Stinte (unten)

29

Geschichte

Geschichte – Erste Spuren

Aus der späten Erwähnung Lüneburgs in den historischen Quellen (**956 n. Chr.**) darf man nicht ableiten, dass die Region der heutigen Lüneburger Heide unbesiedelt war – ganz im Gegenteil! Die Gräberfunde im Gebiet der **Oldendorfer Totenstatt** bei Amelinghausen werden auf die Jungsteinzeit (3000–1700 v. Chr.) bzw. die ältere Bronzezeit (1600–1000 v. Chr.) datiert. Vorgeschichtliche Funde bei Lüneburg belegen, dass auch die nähere Umgebung etwa ab 2000 v. Chr. besiedelt war. Um Christi Geburt etwa waren hier die Langobarden beheimatet.

MONS · PONS · FONS

Die Bezeichnung »Lüneburger Heide« kannte man zu dieser Zeit jedoch noch nicht. Vielmehr tauchte im Jahre 780 der Name **»Bardengau«** für das Gebiet auf, das sich von der unteren Elbe bis südlich von Uelzen und im Osten bis ins Waldgebiet der Göhrde erstreckt. Bewohner dieses »Bardengaus« waren verbliebene Teile der langobardischen Bevölkerung, die größtenteils im Zuge der Völkerwanderung um das Jahr 400 weiter südwärts gezogen war, aber auch nachdrängende Sachsen, die sich

hier ansiedelten. 795 wurde Bardowick erstmals urkundlich erwähnt. Der Ort profitierte ganz offensichtlich von seiner Lage an der Ilmenau. Im Jahr 805 erklärte Karl der Große **Bardowick** zum Grenzhandelsplatz und seit 965 gab es eine Münzstätte. Um 1000 erlebte Bardowick dann seine Blütezeit als Haupthandelsplatz für Norddeutschland.

Mons, Pons und Fons – die Keimzellen Lüneburgs

Die drei Begriffe Mons (Berg), Pons (Brücke) und Fons (Quelle) stehen für die Gründungsgeschichte Lüneburgs. Die Stadt wurde erstmals am 13. August 956 in einer Urkunde von König Otto I. als **»Lhiuniburc«** erwähnt. In dieser wurde dem Benediktinerkloster St. Michael auf dem Kalkberg der Zoll aus dem Salzverkauf der Saline zugesprochen. Bereits um 950 dürfte auf dem Kalkberg, Mons genannt, vom damaligen Markgrafen Hermann Billung eine Burg errichtet worden sein. Dieser Burgberg war ein Zufluchtsort, der im Langobardischen »Hliuni« genannt wurde und namensgebend für Lüneburg gewesen sein dürfte. Die

Die Sage von der Salzsau

Im Lüneburger Rathaus kann man noch heute in einer Lampe die Knochenreste einer Wildsau bewundern, die Lüneburg zum Salz verholfen haben soll. Vor langer Zeit, als es noch stattliche Wälder in der Umgebung gab, sollen Jäger die Spur eines Wildschweins verfolgt haben, die durch das sumpfige Gelände der Ilmenau führte. Schon bald fanden sie das Tier, das sich auf die Seite gelegt hatte und eingeschlafen war. Die Sonne schien auf die Borsten, auf denen sich eine weiße Kruste gebildet hatte. Die Jäger töteten die Sau und stellten fest, dass es sich bei dem Borstenbelag um reines kostbares Salz handelte. Als sie die Spur des erlegten Tieres weiterverfolgten, stießen sie schließlich auf einen Tümpel, der kein normales Wasser enthielt, sondern so schmeckte wie die Borsten des Wildschweins. Durch die Entdeckung der Sole ist schließlich das Lüneburger Salzwerk entstanden, dem die Stadt über Jahrhunderte großen Reichtum verdankte. Die Erinnerung an die »Salzsau« wird heute nicht nur durch den Knochen im Rathaus wach gehalten – man begegnet der Wildsau auch häufiger während der Stadtbesichtigung!

Burg schützte die Menschen und das Salzwerk.

Gleichzeitig entwickelte sich im heutigen Bereich der St. Johanniskirche die Siedlung »**Modestorpe**« um eine Ilmenaubrücke, Pons genannt. Die Ilmenau war damals nicht nur breiter, sondern ihr Ufer auch sumpfiger, so dass ein sicherer Übergang große Bedeutung hatte. Letztendlich spielte in der Nachfolgezeit auch der Warentransport auf der Ilmenau eine große Rolle, denn das gewonnene Salz musste transportiert werden.

Der Begriff »**Fons**« steht schließlich für Quelle bzw. die Solequelle der Saline, die ebenfalls am Anfang der Entwicklung von Lüneburg steht.

Die Herrschaft der Herzöge

Von Anbeginn spielte das Geschlecht der Billunger eine entscheidende Rolle für Lüneburg. **961** setzte der damalige König Otto I. Markgraf Hermann Billung als Herzog für einen Teil Sachsens ein. Noch im 10. Jh. wurde in Lüneburg eine erste Gemeindekirche unterhalb der Burg gebaut und ein Markt angelegt. Nachdem die Familie der Billunger für eineinhalb Jahrhunderte eine führende Rolle im östlichen Sachsen gespielt hatte, veränderte sich dies mit dem Tod Herzog Magnus' im Jahre 1106. Er hinterließ zwei verheiratete Töchter – so dass der Billunger Besitz an die Grafen von Ballenstedt (auch als Askanier bekannt) und an die **Welfenfamilie** aus Bayern fiel. Nachdem der Welfe Heinrich der Schwarze durch seine Gemahlin das Kernland der Billunger, den Bardengau, erhalten hatte, konnten die Welfen 1137 ihr Reich im Norden erneut ausdehnen.

Heinrich der Löwe wurde 1139 Herzog von Bayern und 1142 Herzog von Sachsen – in der Folgezeit expandierte das große Welfenreich im Süden bis zur Lombardei und im Norden bis nach Schleswig. Sein Machtzentrum baute der Welfenkönig

➤ 1448: Otto das Kind erhält von Kaiser Friedrich II.
Lüneburg als Lehen (Sachsenspiegel)

in Braunschweig, wovon noch heute die Burg Dankwarderode zeugt. Auch **Bardowick** spürte die neuen Zeiten, denn die Funktion als Grenzhandelsplatz ging an Orte in Holstein und Mecklenburg über, und es verlor an Bedeutung. Zudem erwarb Heinrich der Löwe 1158 die Stadt Lübeck und baute sie zu einer großen **Handelsmetropole** aus. Gleichzeitig begünstigte er die Verschmelzung der Gründungskerne Lüneburgs und auch die Monopolisierung der Saline. 1172 wurde das Kloster Lüne gegründet.

Als Heinrich der Löwe seinem Vetter, Kaiser Friedrich I. Barbarossa, die Gefolgschaft für einen Italienfeldzug verweigerte, wurde er geächtet (Reichsacht). Kaiser Barbarossa eroberte 1181 die Lüneburg, der Welfenherzog wurde entmachtet und musste nach England ins Exil. Als Kaiser Barbarossa auf einem Feldzug starb, kehrte Herzog Heinrich zurück und bemächtigte sich der befestigten Plätze in Norddeutschland, darunter Lübeck, Hamburg und auch Lauenburg/Elbe. Bardowick leistete Widerstand und wurde deshalb vom Löwenherzog am 28. Oktober 1189 gewaltsam zerstört. Davon erholte sich Bardowick nie, denn nun begann der Aufstieg Lüneburgs, weil Heinrich ihren Werdegang zur führenden Siedlung des Bardengaus förderte und vermutlich auch Stadtrechte verlieh.

Der Machtausbau

Lüneburgs Machtausbau erfolgte nun Schlag auf Schlag. 1230 wurde das erste Rathausgebäude aus Steinen vom Gipsbruch am Kalkberg erbaut, und 1235 ließen sich Franziskaner in der Nähe vom Rathaus nieder. Zwischen 1230 und 1250 erfolgte die Neuanlage des Marktes samt **Rathaus**. Außerdem wurde kräftig gebaut, um den Platz Am Sande herum bis zur Ilmenau und auch im Hafenviertel. 1235 gelang es endlich, aus dem Erbe Heinrichs des Löwen wieder einen Staat zu bilden, das Herzogtum Braunschweig-Lüneburg.

Am 28. April 1247 bestätigte und erweiterte Herzog Otto das Kind, ein Enkel Heinrichs des Löwen, das **Stadtrecht**. Um 1250 begann man mit dem Bau einer neuen Stadtbefestigung. 1252 wurde das Herzogtum Braunschweig-

Lüneburg zwischen zwei Brüdern geteilt, wobei der eine Braunschweig, der andere Lüneburg erhielt. So kam es zur Bildung von zwei Teilstaaten, von denen der eine das **Fürstentum Lüneburg** war. Es reichte etwa von Harburg im Norden bis Gifhorn im Süden bzw. von der Elbe bis zur Aller. Residenz des Fürstentums wurde die Burg auf dem Kalkberg.

1273 ging die Solequelle an der Neuen Sülze an die Saline über. Gleichzeitig erhielt diese das Salzmonopol im Fürstentum. Ab 1289 begann man mit dem ersten Bauabschnitt der heutigen St. Johanniskirche. Eine erste Holzkirche gab es schon im 9. Jh., sie wurde später vermutlich durch ein Feldstein-Fachwerkgebäude ersetzt. Am 6. Januar 1293 kauften die Landstände die herzogliche Münze in Lüneburg. 1298 baute man eine neue Brücke über die Ilmenau zum Werder. 1348 wurde der erste Kran im Hafen erwähnt. 1363 zahlte Lüneburg das Eintrittsgeld für die Mitgliedschaft in der **Hanse**, schloss sich dieser aber erst 1371 an. 1369 fiel die herzogliche Stadtvogtei durch Verpfändung an die Stadt. Auch verstarb in diesem Jahr Herzog Wilhelm, womit die Lüneburger Linie des Welfenhauses erlosch. Mit dem als Nachfolger bestimmten Herzog Magnus Torquatus geriet die Stadt wegen seiner Gewalttätigkeit ab 1370 in Konflikt. Am 1. Februar 1371 zerstörten Lüneburger Bürger die vom Fürstentum genutzte Burg auf dem Kalkberg und auch das St. Michaeliskloster, dessen Bewohner stets enge Beziehungen zum jeweiligen Herrscher gepflegt hatten. Herzog Magnus Torquatus versuchte, die Stadt mit Waffengewalt zurückzuerobern, wurde jedoch am 21. Oktober 1371 endgültig verjagt.

Die Blütezeit als Salz- und Hansestadt

Mit dem Sieg über Herzog Magnus Torquatus wurde Lüneburg mehr oder weniger selbstständig und in der Nachfolgezeit ein wichtiges Mitglied der Hanse, die hier immerhin 36 Hansetage abhielt. 1373 wurde der Herzog in einem seiner vielen Kämpfe getötet, womit auch der »**Lüneburger Erbfolgekrieg**« ein Ende fand. Das Fürstentum Lüneburg kam an die Herzöge Albrecht und Wenzel von Sachsen-Wittenberg. Doch die Askanier blieben nicht lange an der Macht, denn 1385 starb Herzog Albrecht, und Herzog Wenzel kam 1388 bei einer Schlacht bei Winsen/Aller ums Leben.

Nach dem Machtverzicht der Askanier fiel das Fürstentum wieder an die

➤ Heringe wurden in der Ostsee gefangen ...

welfischen Erben von Herzog Magnus Torquatus, die Herzöge Bernhard und Heinrich, wobei Lüneburg seine Privilegien behaupten konnte. Bereits 1381 hatte sich Lüneburg dem wendischen Münzverein der Hanse-Seestädte angeschlossen und 1382 ließen sich die Prämonstratenser in Lüneburg nieder. Sie gründeten das Kloster Heiligenthal im Bereich der Straße Am Berge. Die erste Wasserleitung wurde 1383 erbaut und 1387 erstmals eine **Schützenkompanie** erwähnt. Mit Fertigstellung des Stecknitzkanals von Lauenburg/Elbe nach Lübeck konnte das in Lüneburg gewonnene Salz über die Ilmenau, die Elbe und den Stecknitzkanal verschifft

➤ ... und mit Salz konserviert

werden und gelangte von Lübeck in alle Länder des Ostseeraums. Damit wurde der mühsame Transport mit Pferdefuhrwerken auf der »Alten Salzstraße« entlastet.

1392 erreichte Lüneburg mit der »Sate«, einer Friedenssatzung, eine weitere Schwächung der welfischen Landesherren, die sich in Geldnot befanden. So wurden das Straßenzwangsrecht und das **Stapelrecht** verbrieft. Die Stadt brachte aber auch durch Pfandrechte Burgen in der Umgebung in ihren Besitz und verstärkte die eigene Stadtbefestigung. 1397 ordnete der Papst an, dass Lüneburg Bischofssitz werden sollte. Doch daran zeigte der Rat wenig Interesse und untergrub das Ansinnen aus Rom. 1406 musste das Michaeliskloster sein Schulmonopol aufgeben, und es kam am 15. September zur Gründung des **Johanneums**, einer dem Rat unterstehenden Lateinschule. 1409 erfolgte die erste Weihe der damaligen Nicolaikapelle. Ab 1412 verhandelte Lüneburg mit den Fürsten von Mecklenburg über die Schaffung einer zweiten Verbindung zwischen Elbe und Ostsee. 1430 wurde als Ergebnis ein Vertrag über die Benutzung der Schaale geschlossen. Von 1426 bis 1435 kämpfte die Hanse gegen König Erich von Dänemark. Lüneburg stritt an der Seite Lübecks und wurde nach erfolgreicher Beendigung des Krieges 1435 vom Sundzoll befreit. Bereits 1428 teilten die welfischen Herzöge ihren Besitz: Im Süden regierte Herzog Heinrich von Braunschweig aus, der nördliche Teil mit Lüneburg fiel an Herzog Bernhard. Da den Lüneburger Ratsmännern und Sülfmeistern alles daran lag, herzogliche Macht fernzuhalten, hatte sich Celle seit 1378 als Residenzstadt des Fürstentums etabliert.

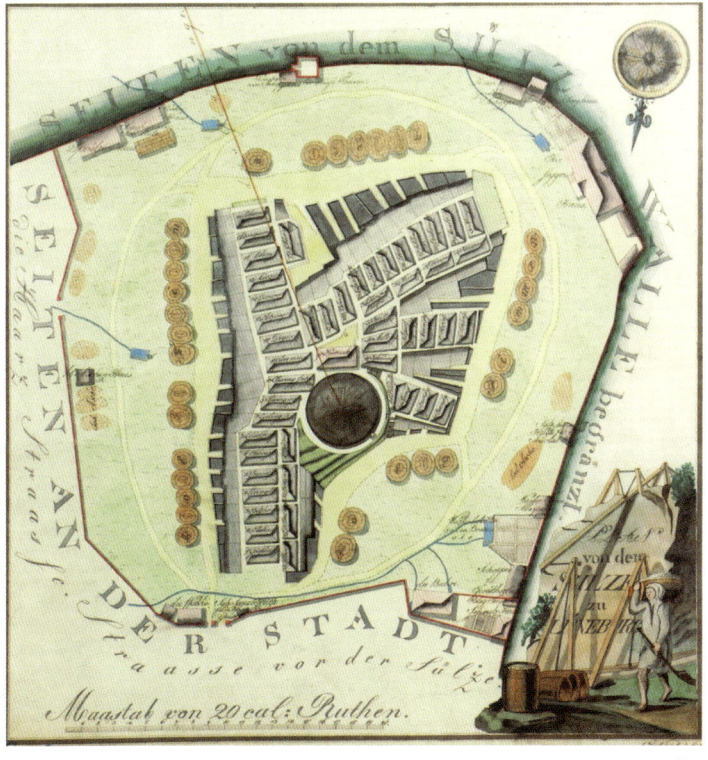

➤ Die Saline um 1790

1440 wurden erstmals Stadtteile genannt, nämlich das Marktviertel, das Salzviertel, das Wasserviertel und das Sandviertel.

Die **Stadtbefestigung** mit Wall, Mauern und Graben wurde endgültig 1443 fertig gestellt. Bedingt durch die hohen Verteidigungsausgaben Lüneburgs, war die Stadt mit 500.000 Mark erdrückend verschuldet. So musste der Rat neue Geldquellen erschließen. Natürlich dachte man sofort an die reichen **Sülzprälaten** (die Siedepfannenbesitzer) – diese sollten zehn Jahre lang 50 % der Salineneinkünfte als Beitrag zur Entschuldung der fast zahlungsunfähigen Stadt leisten, doch

nur ein Teil der Siedepfannenbesitzer ließ sich auf diese Ratsforderung ein. Insbesondere die kirchlichen Besitzer unter Führung des Propstes vom **Kloster Lüne**, Dietrich Schaper, leisteten Widerstand. Damit begann 1445 der so genannte »Prälatenkrieg«. Die Oppositionellen wurden aus der Stadt gewiesen und 1451 eine Klage wegen des angeblich lasterhaften Lebens des Propstes erhoben. Obwohl der Konvent zu Dietrich Schaper stand, enthob man ihn aufgrund eines Urteils seines Amtes. Mit einer Revisionsverhandlung vor einem Braunschweiger Gericht wurde die Entscheidung aus Lüneburg 1452 wieder aufgehoben.

37

➤ Alte Stadtansicht von Lüneburg (Kupferstich um 1598)

Das Kloster Lüne stellte nun alle Mitglieder des Lüneburger Gerichts erneut unter **Kirchenbann**. Beide Gerichte wandten sich schließlich an den Papst, der Schaper unterstützte und den Lüneburger Rat als rechtlos und vogelfrei erklärte. So wurde 1454 der mit Bann belegte Rat durch einen neuen Rat der opponierenden Sülzprälaten ersetzt. Doch auch dieser wirkte nicht zum Besten der Stadt. So machte sich immer mehr Unmut in der Bevölkerung

breit, und die Stimmung schlug endgültig um, als man den abgesetzten und in einem Turm gefangen gehaltenen Bürgermeister Johann Stringintgut sterben ließ. Der alte Rat wurde aber auch von befreundeten Städten stark unterstützt – so passierte das Unmögliche. Mit dem Vertrag von Reinfeld am 18. Dezember 1462 kehrte der alte Rat in seine Stellung zurück, der Kirchenbann wurde aufgehoben und der **Prälatenkrieg** beendet.

➤ Das frühere Gipswerk am Kalkberg

Mit dem Ende des Prälatenkrieges begann die absolute Blütezeit Lüneburgs. Unabhängig von den eigentlichen Landesherren, erlangte Lüneburg internationale Geltung, schloss eigene Bündnisse und hatte eine bedeutende Stellung in der Hanse. Man trieb einen lebhaften Handel nach Skandinavien und Schlesien, mit Russland und bis nach Burgund. **Lüneburgs Reichtum** wurde immer größer, zeigte sich in einem beträchtlichen Ratssilberschatz, den eindrucksvollen Baudenkmälern und Giebelfassaden, die man noch heute bewundern kann, und natürlich auch im kulinarischen Bereich. Wenn nämlich Gesandte aus anderen Hansestädten zu Gast waren, wurde aufgetischt, was Küche und Keller hergaben. Auch wenn man offiziell keine »Freie Reichsstadt« war, so genossen die Lüneburger doch vergleichbare Freiheiten. Mit etwa 2000 Wohnhäusern und 14.000 Einwohnern war Lüneburg für damalige Verhältnisse eine große Stadt.

Die Reformation

1519 wurde Karl V. zum Kaiser gewählt – für das Fürstentum Lüneburg ein Missgeschick, da man französisch orientiert war und König Franz I. von Frankreich unterstützt hatte. Herzog Heinrich der Mittlere zog 1521 daraus die Konsequenz und zog an den Hof des französischen Königs. Seine Söhne Otto und Ernst übernahmen die Regierungsgeschäfte. Da ihr Vater durch eine Fehde mit dem Hildesheimer Stift fast den gesamten Besitz verpfändet hatte, zogen die Herzöge die reichen Stifte und Klöster des Fürstentums zur Schuldentilgung heran und bereiteten deren gänzliche Aufhebung vor.

In Wittenberg, der Geburtsstätte der Reformation, hatten die Herzöge erste Eindrücke gewonnen und besuchten auch Vorlesungen des Theologieprofessors **Martin Luther**, zu dem sie sich offen bekannten. Sie stellten immer neue Geldforderungen an die Stifte und Klöster, was die Katholiken zum Anlass nahmen, Heinrich den Mittleren zurückzuholen. Sie hofften, erste refor-

42   ➤ *Vorige Doppelseite: Kloster Lüne*

➤ Kreuzgang im Kloster Lüne

matorische Ansätze verhindern zu können. Heinrich kam zwar im April 1527 nach Scharnebeck, wo ein Landtag des Fürstentums angesetzt war, besuchte diesen aber nicht – womit Herzog Ernst seine Position festigen konnte. Den älteren Bruder Otto hatte er schon zum Beginn des Jahres 1527 mit Harburg abgefunden, und 1539 erhielt der jüngere Bruder Franz Gifhorn, wobei beide Gebiete beim Fürstentum blieben, die Einkünfte aber den Brüdern zuflossen. Nach dem Landtag in Scharnebeck begann Herzog Ernst der Bekenner mit praktischen Maßnahmen im Sinne der **Reformation**. Nach und nach wurde in allen Kirchen des Fürstentums die neue Lehre eingeführt. Der Rat der Stadt Lüneburg war zunächst ablehnend, verhielt sich dann hinhaltend, fügte sich später jedoch der Forderung nach Durchführung der Reformation. 1530 fand der erste evangelische Gottesdienst in St. Nicolai statt. Das Kloster St. Michaelis wurde ebenfalls evangelisch. Auch die **Ratsbibliothek** profitierte von der Reformation, denn durch die Übernahme kirchlicher Bestände wuchs die Anzahl der Bücher, die im Rathaus untergebracht waren, beträchtlich an. Nachdem 1555 die letzten Mönche aus dem benachbarten Franziskanerkloster ausgezogen waren, siedelte die Ratsbücherei in das Gebäude über, in dem sie bis heute untergebracht ist.

Mit Beginn des 16. Jh. versuchten die Herzöge, ihre Landeshoheit gegen Lüneburg wieder verstärkt durchzusetzen. Die Reformation leistete dabei einen wichtigen Beitrag. Nach jahrelangen Verhandlungen wurde am 15. März 1562 ein Herrschaftsvertrag zwischen dem Rat der Stadt Lüneburg und den Herzögen Heinrich und Wilhelm von Braunschweig-Lüneburg, den Söhnen Herzog Ernst des Bekenners, geschlossen. Die Stadt verlor große Teile ihrer Freiheiten, musste 85.000 Taler an die Herzöge zahlen und sich zu jährlichen Abgaben an die **Landesherren** verpflichten. Gleichzeitig wurde der Rat von der Bürgerschaft bedrängt, die von den Brauern angeführt wurde. So fan-

43

Das neue Haus Lüneburg und der Abstieg der Stadt

1569 wurde die reich ausgestattete Ratsstube im Lüneburger Rathaus erbaut. Im selben Jahr beschlossen die Söhne Ernst des Bekenners eine Teilung des Fürstentums – so wurden die Ämter Dannenberg und Scharnebeck vom Fürstentum abgetrennt und Heinrich, der ältere Bruder, wurde Stifter der Dannenberger Linie innerhalb des Hauses Braunschweig-Lüneburg. Herzog Wilhelm dagegen behielt Lüneburg-Celle und stand somit dem neuen Haus Lüneburg vor. 1576 ging dann die Vogtei des Herzogs in Lüneburg in das Eigentum der Stadt über.

Ab 1593 lag Lüneburg zeitweise in scharfem Konflikt mit dem Landesherrn. Durch finanzielle Verpflichtungen aus diversen Verträgen und einem **Stocken des Salzhandels** durch zunehmende Konkurrenz war die Stadt hoch verschuldet und wurde Schauplatz schwerer Unruhen. So wandte sich die aufbegehrende Bürgerschaft unter Führung von Franz Töbing im Januar 1619 mittels schriftlicher Beschwerde über die ordnungswidrige Finanzverwaltung und die Cliquenwirtschaft innerhalb des Rates an Herzog Christian von Lüneburg-Celle. In einem Vergleich vom 13. März 1619 wurde der Rat verpflichtet, zukünftig fünf Bürger aufzunehmen und vor einem Ausschuss mit sechs Personen alljährlich die Finanzen offen zu legen. So zogen fünf Vertreter der Brauer und Heringskaufleute, damals Kagelbrüder genannt, in den Rat ein. Lüneburg wurde erstmals wie eine normale Landstadt behandelt, gleichzeitig machten der Niedergang der Hanse und der veraltete Sülzbetrieb der Stadt weiter zu schaffen.

➤ Der Aufgang zum Fürstensaal (oben) und das Alte Archiv (unten)

den von 1562 bis 1570 insgesamt 35 Verhandlungen zwischen dem Rat und dem **Bürgerausschuss** statt. Dabei ging es um Steuerfragen, um die Beseitigung von Missständen im Rechtswesen, aber auch um wirtschaftliche und soziale Forderungen. Verhandlungsführer auf Seiten der Bürger war der Brauältermann Jürgen Hammerstede von der einflussreichen Brauerzunft – gab es in Lüneburg einst doch 82 Brauereien. Dieser allgemein wenig bekannte Bürgervertreter wirkte nicht nur politisch, sondern auch als Schreiber und ab 1564 als Stadtchronist.

➤ Blick in die prächtige Rathauslaube

Der Dreißigjährige Krieg

Die Zeit von 1618 bis 1648 war durch Raub, Brand, Mord, Hunger und Pestepidemien in den Jahren 1624–27 geprägt. Besonders schlimm wüteten die Soldaten des Grafen Ernst von Mansfeld – der als ein gefürchteter Haudegen galt –, die im **Kloster Lüne** Quartier nahmen, woraufhin die Stiftsdamen in der Stadt Zuflucht suchten. Unter den Plünderungen verschiedener Truppen litt auch die Landbevölkerung, in deren Folge sich immer wieder Hungersnöte ausbreiteten.

Mitte Juni 1627 legten die Dänen ein **Großfeuer** in Bardowick und brandschatzten auch andere Orte. Inzwischen nahten die Truppen Tillys, und viele flüchteten in die Stadt Lüneburg.

Das Dorf Barnstedt in Stadtnähe gehörte zu den Orten, die im Dreißigjährigen Krieg am meisten heimgesucht wurden. Tilly nahm Mitte 1627 kurzfristig sein Hauptquartier in Dahlenburg und verlegte es dann nach Scharnebeck. Bald danach erschien das kaiserliche Heer Wallensteins und hinterließ geplünderte Dörfer und zahlreiche Tote.

Zusammen mit **Tilly** marschierten die Truppen weiter nordwärts nach Holstein, Schleswig und Jütland. 1628 litt die Umgebung Lüneburgs erneut unter dem Durchzug kaiserlicher Truppen. Im Mai 1629 schloss man dann mit Dänemark den Lübecker Frieden. Die kaiserlichen Truppen zogen nun wieder durch die Lüneburger Umgebung, Bleckede ging in Flammen auf und auch Bardowick hatte schwer zu leiden.

45

> Blick in den Fürstensaal des Lüneburger Rathauses

Die Stadt Lüneburg dagegen blieb weiterhin ungeschoren, litt aber unter der **Sperrung der Handelswege**. Die Sülze wurde durch Überflutung stark geschädigt und musste den Betrieb zeitweilig einstellen. Auch machte sich der Brennholzmangel bemerkbar – Lüneburg begann zu verarmen. Herzog Christian übte sich in Neutralität, aber die Finanzlage des Fürstentums wurde immer dramatischer.

1630 erschien ein neuer Akteur auf der Kriegsbühne: Mit 13.000 Mann landete der schwedische König Gustav II. Adolf von Schweden am 4. Juli 1630 auf der Insel Usedom. Herzog Georg von Braunschweig-Lüneburg quittierte daraufhin kurzerhand den kaiserlichen Dienst, wechselte auf die schwedische Seite und bearbeitete seinen Bruder Christian, sich dem Bündnis mit Gustav Adolf anzuschließen, was dieser jedoch nur widerwillig tat. Auch Herzog Franz Karl von Sachsen-Lauenburg trat unter die Fahnen der Schweden. Derweil blieb das Fürs-

tentum Lüneburg durch kaiserliche Truppen besetzt.

Nach der schweren Niederlage der Schweden und der deutschen Protestanten am 6. September 1634 brach die evangelische Allianz auseinander. Aber die Schweden fanden nach dem Verlust der deutschen Bündnispartner in Frankreich einen neuen Verbündeten. Die Stadt Lüneburg bemühte sich weiterhin um **Neutralität** und lieferte im Frühjahr 1636 dem schwedischen Feldherrn Lesle nach Soltau 20.000 Pfund Brot und 225 Taler. Im August desselben Jahres zogen jedoch die Truppen von Banér und Lesle gegen Lüneburg. Die verbündeten Truppen umfassten 11.000 Infanteristen, 10.000 Kavalleristen, 63 Geschütze und 4800 Trosswagen. In Anbetracht dieser erdrückenden schwedischen Übermacht öffnete Lüneburg am 14. August 1636 seine Tore und kapitulierte. Eine Plünderung konnte der Rat durch Geldzahlung und **Nahrungsmittellieferung** abwenden, dafür musste aber ein Teil des **Ratssilbers** verkauft werden. Restliche, zunächst noch verbliebene schwedische Truppen mussten schon 1637 wieder weichen, denn Herzog Georg, der inzwischen erneut die Seite gewechselt hatte und jetzt für den Kaiser kämpfte, zog gegen Lüneburg, wie auch Truppen aus Kursachsen und Brandenburg. Am 3. September 1637 begaben sich Lüneburger Bürger vor die Tore der Stadt und baten Herzog Georg, ihre Stadt nicht zu besetzen. Die schwedischen Truppen zogen unterdessen Richtung Norden ab, und auch die kaiserlichen Truppen rückten von Lüneburg weg. In den folgenden Jahren litt Lüneburgs Umland immer wieder unter zahlreichen Durchzügen schwedischer und kaiserlicher Truppen, blieb aber von den eigentlichen Kämpfen weitestgehend verschont. Nach den bekannten zweijährigen Verhandlungen in Münster und Osnabrück schloss der Kaiser im Oktober **1648 Frieden** mit den Franzosen und den Schweden.

Der Krieg hinterließ ein wirtschaftliches und finanzielles Chaos. Zudem dauerte es acht Jahre, bis die letzten Truppen vollständig abgezogen waren. Im Frieden von Münster und Osnabrück hatte der Kaiser den Schweden 5 Mio. Taler zugestanden, wovon der Herzog von Lüneburg-Celle 60.000 übernehmen musste. Es dauerte Jahre, bis sich die Dörfer langsam von den **Kriegsfolgen** erholten. Bereits 1637 war der bestehende Rat in Lüneburg durch einen neuen ersetzt worden. Der am 16. Mai 1639 vom Landesherrn diktierte Vergleich sah zudem vor, dass der Herzog unbeschränkt die Oberaufsicht in geistlichen, finanziellen und verwaltungsmäßigen Angelegenheiten bekam.

Außerdem erhielten alle Stände die volle Ratsfähigkeit, und der Kalkberg ging in den Besitz des Landesherrn über. Lüneburg verlor damit sämtliche Privilegien und wurde eine gewöhnliche herzogliche Landstadt.

Der Stillstand und die zweite Fürstenzeit

Im Jahre 1655 wurde das Michaeliskloster aufgehoben und dessen Vermögen dazu verwendet, eine Schule für junge Adelige zu unterhalten, die Ritterakademie. 1659 wurde das Salzkontor gegründet, welches einerseits die Beschaffung des Heizmaterials für die Saline, andererseits die zentra-

➢ Das Rathaus auf einer Ansicht von 1625

➢ Folgende Doppelseite:
Der Marktplatz mit dem Luna-Brunnen

47

> Alte Ansicht des Kalkbergs

le Vermarktung des Salzes übernahm. Zwischen 1682 und 1699 erließ der Herzog verschiedene Verordnungen zum Finanzwesen, zum Salinenbetrieb und zum Obergericht, zur Gerichtsbarkeit innerhalb der Lüneburger Landwehr sowie zum Stipendien- und Wohlfahrtswesen. Außerdem wurde versucht, die Wirtschaft mit Tucherzeugung und Tabakfabrikation zu beleben, was aber nur mit dem auf dem Straßenzwangs- und Stapelrecht beruhenden **Speditionswesen** durchgesetzt werden konnte. Von 1695–98 baute man das Stadtschloss am Marktplatz, weil der Herzog keine Residenz in der Stadt hatte und die Politik im Rathaus gemacht wurde – doch Lüneburg wurde nicht mehr Sitz des Herzogs. Der Übergang vom 17. zum 18. Jh. wurde für das neue Haus Lüneburg eine ereignisreiche Zeit. Herzog Ernst August, an den nach dem Tode seines Bruders auch Calenberg-Hannover gefallen war, erhielt 1692 die Kurwürde des Heiligen Römischen Reiches Deutscher Nation. Sein Sohn, Kurfürst Georg Ludwig, der 1698 seinem Vater folgte, gewann als Gemahl der Celler Erbtochter im Jahr 1705 das Fürstentum Lüneburg. Damit endete auch die Geschichte des Fürstentums, denn das Gebiet um Lüneburg wurde nun Teil des Kurfürstentums Hannover. In diese Zeit fiel auch, dass das Haus Sachsen-Lauenburg ausstarb, 1702 dann kurzzeitig von Herzog Georg Wilhelm beerbt wurde und mit dessen Tod ebenfalls an das Kurfürstentum Hannover fiel.

Die wirtschaftliche Situation Anfang des 18. Jh. in Lüneburg verbesserte sich – vor allem durch das einträgliche Speditionswesen. Als Kurfürst Georg Ludwig im Jahre 1714 durch einen überraschenden Erbfall den englischen Thron bestieg, waren England und das Kurfürstentum Hannover in Personalunion verbunden – noch heute bestehen enge familiäre Verbindungen zwischen den Welfen und dem englischen Königshaus!

In den Jahren nach 1704 entstand die **barocke Rathausfassade**. Von 1741–45 baute man am Lüner Tor das Kaufhaus mit barocker Fassade. 1757 begann dann der »Siebenjährige Krieg« zwischen England und Frankreich. Lüneburg war damals eine Landstadt im mit England verbundenen Kurfürstentum Hannover und hatte keinen Einfluss auf das

Johann Sebastian Bach in Lüneburg (1700–1702)

Der zu den größten Komponisten zählende Johann Sebastian Bach wurde 1685 in Eisenach geboren, besuchte dort die Lateinschule und wurde nach dem frühen Tod seiner Eltern ab 1695 von seinem Bruder erzogen. Vom Frühjahr 1700 bis zum Frühjahr 1702 lebte Bach als Jugendlicher in Lüneburg. Es war der einzige längere Aufenthalt in seinem Leben außerhalb der Region Thüringen-Sachsen. Die von Bach besuchte **Michaelisschule** bot damals als Besonderheit kostenlosen Unterricht. Dafür gestalteten die Schüler die Gottesdienste, und Bach wirkte als Sänger im Mettenchor mit. Ein Verzeichnis über ausgezahltes Geld für die Mitwirkung bei Nebengottesdiensten ist einer der wenigen schriftlichen Belege für Bachs Aufenthalt in **Lüneburg**. Bach bekam hier wesentliche Anregungen für sein späteres Schaffen. So lernte er verschiedene norddeutsche Kirchen und deren Orgeln kennen, traf in Hamburg den damals berühmten Johann Adam Reincken, kam in Kontakt mit der benachbarten Ritterakademie, in der die Adeligen in Hofdisziplinen wie Reiten, Fechten und Tanzen unterrichtet wurden, besuchte dort auch die regelmäßig stattfindenden französischen Schau- und Singspiele. Auch lernte er Johann Jakob Löwe von Eisenach kennen, der hauptsächlich hochkarätige Kammermusik hinterlassen hat und damals an der **St. Nicolaikirche** wirkte. Wissen erhielt er auch durch die Chorbibliothek an der Michaelisschule, die als eine der größten Deutschlands gilt. An der St. Johanniskirche gab es damals ebenfalls einen bedeutenden Chor aus Schülern vom Johanneum. Beide **Knabenchöre** wetteiferten miteinander, und es soll sogar Prügeleien gegeben haben. Durch das Singen und Musizieren vor den Häusern reicher Patrizier verdienten sich die Chöre ein Zubrot, so dass man sich um die lukrativsten Stellen stritt. Von Lüneburg ging Bach nach Weimar und Arnstadt. 1705/06 unternahm er eine viermonatige Reise nach Lübeck, wo er den damals berühmten **Dietrich Buxtehude** traf, wirkte 1707 als Organist in Mühlhausen und heiratete seine Kusine Maria Barbara Bach. 1708 wurde er Organist und Kammermusiker am Hof in Weimar und bekam 1714 den Titel Konzertmeister. 1717 ging er nach Köthen. 1720 starb seine Ehefrau, und im darauf folgenden Jahr nahm er eine Sängerin zur zweiten Frau. Seit 1723 war er Thomaskantor in Leipzig – hier entstanden die meisten seiner heute bekannten Werke in den Jahren zwischen 1721 und 1749. 1750 verstarb Johann Sebastian Bach in Leipzig.

➤ Seit hunderten von Jahren unverändert: Blick auf das alte Kaufhaus und den Kran

Kriegsgeschehen. Am 26. Juli 1757 kam es zu einer Schlacht bei Hameln. Angesichts der französischen Übermacht unterzeichnete man am 8. September 1757 in Zeven eine Vereinbarung, mit der das Kurfürstentum Hannover an die Franzosen fiel – Lüneburg erlebte 103 Tage **französische Besetzung**. England hatte zwischenzeitlich die Konvention von Zeven widerrufen, und so entflammte der Krieg im Kurfürstentum erneut. Hannoversche Truppen hatten Anfang 1758 ihr Hauptquartier bei Lüneburg und schlugen die Franzosen 1759 bei Minden. 1766 wurden dann die Befestigungen am Kalkberg beseitigt.

Um der zunehmenden Konkurrenz der anderen Salinen entgegenzuwirken, entwickelten der Lüneburger Senator Manecke und der Stadtbaumeister Ernst George Sonnin eine **Pumpanlage für die Sole**. Sie bauten ein Holzgestänge, das durch Wasserkraft Tag und Nacht in Bewegung gehalten wurde und die Sole heraufpumpte – menschliche Schwerstarbeit wurde somit durch Wasserkraft ersetzt, wodurch die Produktionskosten erheblich gesenkt werden konnten.

Haupterwerbszweig der Lüneburger Bevölkerung war im 18. Jh. jedoch das Handwerk, und man zählte damals 63 verschiedene Berufe. 1794 setzte Georg III. eine Kommission ein, die die wirtschaftlichen Probleme der Saline lösen sollte. In der Folge kam es 1799 zur Salinenreform, privates **Salzsieden** war fortan nicht mehr möglich. Damit hatten auch die Sülfmeister und viele ihrer Untergebenen ausgedient. Die Saline ging an die Landesherrschaft und ihr stand nun ein Obersalinendirektor vor. Die Reform führte dennoch nicht zum erwünschten wirtschaftlichen Erfolg.

Napoleonische Zeit

Das Kurfürstentum Hannover, das seit 1714 mit England in Personalunion verbunden war, wurde ab 1773 erneut in die kriegerischen Auseinandersetzungen der damaligen Zeit verwickelt. So kämpfte z.B. die hannoversche Armee, darunter auch etliche Lüneburger Soldaten, in den Niederlanden gegen das revolutionäre **Frankreich**. Hauptkriegsgegner waren damals England und Frankreich, die

> Historische Ansicht des Platzes Am Sande mit dem Schwarzen Haus (heute Sitz der IHK)

ihre Differenzen in den Kolonien in Übersee auch auf dem europäischen Mutterkontinent austrugen. Nach Besitzergreifung des Kurfürstentums Hannover besetzen die Franzosen am 9. Juni 1803 Lüneburg. Die Besatzung wuchs bis auf 4000 Mann an und dauerte bis zum Herbst 1805.

Am 1. August 1806 fiel das Kurfürstentum Hannover an Preußen, doch nach der preußischen Niederlage wurde Lüneburg erneut am 14. Dezember 1806 von französischen Truppen besetzt. Nach kurzer Zugehörigkeit zum Königreich Westfalen, in dem Napoleons jüngster Bruder regierte, kam Lüneburg am 18. Oktober 1810 direkt an Frankreich und bildete den Distrikt Lüneburg im **Departement Elbmündung**. Die Verwaltung wurde nach französischem Muster umgestaltet. Im Sommer 1812 marschierte Napoleon gegen Russland, musste aber einsehen, dass dieses Abenteuer nicht den erhofften Erfolg brachte. Am 2. April 1813 kam es zu einer Schlacht in Lüneburg zwischen französischen Truppen und hannoverschen Verbänden. Heldin des Tages war die 20-jäh-rige **Johanna Stegen**, die den kämpfenden Landsleuten in ihrer Schürze Patronen brachte – ihr ist heute ein Denkmal beim Liebesgrund gewidmet. Am 18. September 1813 wurde Lüneburg endgültig von französischer Besatzung befreit und der alte Stadtrat wieder eingesetzt.

Lüneburg im Aufschwung

Der Wiener Kongress beendete nicht nur zweieinhalb Jahrzehnte Krieg gegen Napoleon, sondern führte auch dazu, dass das Kurfürstentum Hannover am 11. November 1814 zum Königreich erhoben wurde. Einerseits wurde sein Territorium vergrößert, andererseits wurde Sachsen-Lauenburg an Dänemark abgegeben. 1816 erfolgte in Lüneburg die Gründung einer **Bürgerschule** und einer Freischule (Volksschule); in der Winterzeit wurden die Straßen erstmals durch Öllampen beleuchtet. 1819 bekam das Königreich Hannover eine Verfassung. 1822 baute man an der Apothekenstraße das Stadttheater mit Theater- und Konzertsaal.

53

1823 wurde Lüneburg Sitz einer Landdrostei, Vorläuferin der späteren Bezirksregierung. 1831 gründete Carl Oltrogge eine private höhere Töchterschule, die 1875 von der Stadt übernommen wurde. 1834 nahm die Sparkasse der Stadt Lüneburg ihren Betrieb auf. 1837 folgte König Ernst August seinem verstorbenen Bruder Wilhelm IV. Mit diesem Regierungswechsel endete auch die englisch-hannoversche Personalunion.

Am 11. Mai 1847 begann in Lüneburg das **Eisenbahn-Zeitalter**. Die Bahnstrecke Lehrte–Celle–Uelzen – Lüneburg – Harburg wurde eröffnet. Weitere Bahnlinien folgten in den nächsten Jahren, womit sich Lüneburg zu einem Bahnverkehrsknotenpunkt entwickelte. Gleichzeitig wurde das alte Stapelrecht aufgehoben, womit das einst blühende Speditionswesen zum Untergang verurteilt war. 1848 wurden der Männerturnverein und der Arbeiterbildungsverein gegründet. Die Jahre 1848–50 standen im Zeichen von Bürgerrevolutionen.

Von 1855–59 wurden auf dem Gelände der Saline Neu- bzw. Umbauten vorgenommen und eine chemische Fabrik errichtet. Im Deutschen Krieg 1866 zwischen Preußen und Österreich unterstützte der Hannoveraner Georg V. die Österreicher und musste nach Preußens Sieg über Hannover abdanken. Damit wurde aus dem Königreich Hannover eine preußische Provinz.

1891 wurde am Marienplatz ein großes **Post- und Telegraphenamt** errichtet, 1894 die Synagoge der jüdischen Gemeinde am Schifferwall geweiht. Im Jahr 1900 nahm das Lüneburger Krankenhaus vor dem Sülztor seinen Betrieb auf. 1907 eröffnete dann das Kurzentrum mit Badehaus, Kurhaus, Trinkhalle und Gradierwerk.

Nach dem Ersten Weltkrieg zählte Lüneburg fast 25.000 Einwohner, das Sole- und Moorbad war in den Besitz der Stadt übergegangen. 1923 wurde die Saline in eine Aktiengesellschaft umgewandelt, deren Mehrheit die Stadt hielt.

Mit der Machtergreifung Adolf Hitlers begann die Naziherrschaft auch in Lüneburg. Am 28. März 1933 rief die NSDAP zum Boykott jüdischer Geschäfte auf, und Lüneburg wurde zu einem wichtigen Kasernenstandort ausgebaut. Neben der schon bestehenden alten Lüner Kaserne kamen 1935 die **Scharnhorst-Kaserne** im Südosten und 1936 die Schlieffen-Kaserne im Osten der Stadt hinzu. 1937 erklärte die NSDAP Lüneburg zur

➤ Lüneburgs Badehaus und Gradierwerk, um 1900

54

➤ *Prominentes Senkungsopfer: das Postgebäude (Ansicht um 1900)*

Hauptstadt des Gaues Ost-Hannover, zu dem die Gebiete um Lüneburg und Stade gehörten. Der Flughafen wurde ausgebaut und dort ein Kampfgeschwader stationiert.

Mit dem Überfall auf Polen entfesselte Nazi-Deutschland 1939 den Zweiten Weltkrieg. Gleichzeitig wurde eine Verdunkelungspflicht eingeführt, aber die alliierten Bomber fanden in der Nachfolgezeit trotzdem ihre Ziele – 1940 gingen im Landkreis Lüneburg die ersten Bomben nieder. Im Juli/August 1943 versank Hamburg nach etlichen Luftangriffen in Schutt und Asche und die Ausgebombten wurden in Lüneburg, wo **Notquartiere** in Fabriken, Gasthäusern und Kasernen eingerichtet wurden, untergebracht. 1943/44 kam es im Landkreis Lüneburg zu verschiedenen Bombardements. Am 18. April 1944 wurde der Flughafen bombardiert, am 22. Februar 1945 das Bahnhofsviertel. Am 7. April desselben Jahres erfolgte ein dritter Bombenangriff auf Lüneburg, bei dem u.a. ein Güterzug mit KZ-Häftlingen getroffen wurde. Britische

Truppen marschierten am **18. April 1945** in Lüneburg ein und am 4. Mai ergaben sich die deutschen Truppen bei Deutsch Evern.

Lüneburg nach 1945

Die britische Besatzungsmacht war nach Kriegsende bestrebt, möglichst bald wieder eine Zivilverwaltung zu etablieren. So wurde Ludwig Eicher noch 1945 kommissarisch zum Landrat ernannt. Er stellte ein beratendes Komitee an die Seite der Militärregierung. Die entlang der Elbe verlaufende Demarkationslinie zwischen der britischen und sowjetischen Besatzungszone zerschnitt auch den Landkreis. Die rechtselbischen Gebiete lagen nun plötzlich im sowjetischen Einzugsbereich. Die in der Folge undurchlässige Grenze drängte Lüneburg und seine Umgebung in eine ungewohnte **Randlage**. Außerdem erreichten zahlreiche Flüchtlinge aus den ehemaligen Ostgebieten Lüneburg. Industrialisierung hieß das Zauberwort der Nachkriegszeit, denn die vielen Menschen konnten nicht mehr in der Landwirtschaft untergebracht werden. Im Dezember 1948 hatte Lüneburg bereits 56.207 Einwohner.

Zur Linderung der Wohnungsnot wurden von 1949 bis 1955 am Stadtrand viele neue Häuser gebaut, auch erkannte man bald, dass die liebliche parkartige Landschaft der Lüneburger Heide mit viel Wald, Hügeln und Heideflächen sowie die Marsch und die waldbestandenen Höhenzüge entlang der Elbe große Chancen für die Entwicklung des Fremdenverkehrs boten. 1955 wurden in der Lüneburger Altstadt etliche senkungsgefährdete Häu-

➤ Auf dem Universitätsgelände (oben), die Ratsbücherei mit Kreuzgewölbe (mitte), eine Bernsteinschatulle im Ostpreußischen Landesmuseum (unten)

ser abgerissen, **1956** das Kurgelände von den britischen Truppen geräumt. Noch im selben Jahr feierte man das **1000-jährige Bestehen** der Stadt. 1968 wurde die Bäckerstraße als erster Straßenzug zur Fußgängerzone erklärt.

1975 wurden der Elbeseitenkanal von Lüneburg bis zur Elbe freigegeben und der Lüneburger Hafen eingeweiht, um den sich in der Folgezeit das Industriegebiet Ost entwickelte. Am 1. Februar 1978 wurden die ehemaligen Regierungsbezirke Stade und Lüneburg zum neuen Regierungsbezirk Lüneburg zusammengelegt. 1980 stellte die Lüneburger Saline ihren Betrieb mangels Rentabilität endgültig ein.

Mit der **Wiedervereinigung** im Jahre 1990 verlor die Elbe ihre Funktion als innerdeutsche Grenze. 1993 kam auch das Amt Neuhaus wieder nach Niedersachsen als Teil des Landkreises Lüneburg. Am 21. Dezember 1995 wurde Lüneburg durch die A 250 an das deutsche Autobahnnetz angeschlossen, wodurch die Fahrzeit insbesondere nach Hamburg deutlich verkürzt werden konnte. Die Fortsetzung als A 39 über Uelzen nach Wolfsburg und Magdeburg ist derzeit in Diskussion und Planung. Zum 1. Januar 2005 fusionierte die bisherige Universität mit der Fachhochschule Nordostniedersachsen und nennt sich heute Leuphana-Universität. Als offizielles niedersächsisches Oberzentrum und Sitz einer Regierungsvertretung zählt Lüneburg heute gut 71.000 Einwohner (Ende 2007) und trägt als derzeit einzige niedersächsische Stadt den Beinamen »Hansestadt«.

Sightseeing

Lüneburg entdecken

Wer in Lüneburg mit dem Zug ankommt, wird feststellen, dass der **Bahnhof** aus zwei getrennten Gebäuden besteht. Der schlichtere Bau (Ostbahnhof) ist funktionell gestaltet und dient als Empfangsgebäude mit DB-Reisezentrum und verschiedenen Geschäften. Wesentlich ansprechender und üppiger gestaltet ist dagegen der Westbahnhof. Im neoklassizistischen Stil errichtet, vermitteln die verputzte und durch angedeutete Steinformen aufwändig gegliederte Fassade sowie der großzügige Treppenaufgang einen repräsentativen Eindruck. Südlich der heutigen Empfangshalle schließt der Busbahnhof an.

Um vom Bahnhof zum Marktplatz zu gelangen, hält man sich vom Bahnhofsgebäude rechts und biegt am Ende der Bahnhofstraße links in die Lünertorstraße ab. Dann folgt die Überquerung des Lösegrabens und des Stadtringes. Durch das alte Hafenviertel mit dem alten Kran, dem alten Kaufhaus und dem Stintmarkt, wo man über die Ilmenau kommt, geht es dann geradeaus weiter. Vorbei an der St. Nicolaikirche bis zum Ende der Lüner Straße, biegt man dort links ab auf die Bardowicker Straße zum nahen **Marktplatz**, der das pulsierende Zentrum der Innenstadt ist. Besonders lebhaft geht es hier mittwochs und samstags zu, wenn der weithin bekannte Wochenmarkt stattfindet und etwa 80 Händler aus der Umgebung ihre für diese Region typischen Produkte anbieten, und natürlich auch in der Zeit vor Weihnachten, wenn alle Giebel im Licht erstrahlen und auf dem Marktplatz der Weihnachtsmarkt geöffnet hat.

Lüneburg und der Mond

Der Sage nach ist Lüneburg nach dem Mond, also »luna«, benannt worden. Tatsächlich ist der Name aber aus dem Wort »Hliuni« (Zuflucht) abgeleitet. Die Sage berichtet jedoch, dass Julius Cäsar bei seinen Feldzügen durch Germanien den Kalkberg gesichtet und darauf eine Burg errichtet haben soll, zu der auch eine Kultstätte mit einer Säule und einem **Mondgötzen** gehörte. Die Sage hat nur einen Fehler – Cäsar war nie in der Lüneburger Heide, und auch die Römer drangen erst später bis an die Elbe vor. Trotzdem gingen die Bewohner früher davon aus, dass Lüneburg nach dem Mond benannt worden sei. So kann man am Barockgiebel des Rathauses einen zunehmenden Mond mit Krone in den Pranken zweier Löwen sehen. Auch auf dem Stadtwappen und auf alten Geldmünzen findet man den Mond wieder. In einem der berühmten Glasfenster der Gerichtslaube des Rathauses wurde sogar **Julius Cäsar** abgebildet. Unter seinem Bildnis steht die Inschrift »Ich habe die ansehnliche Burg der Stadt des Mondes errichtet«. Als ziemlich gesichert gilt dagegen, dass die Bürger nach ihrem erfolgreichen Aufstand gegen die Fürstenmacht im Jahre 1371 nicht nur die Burg schleiften, sondern auch die Säule als Trophäe durch die Stadt schleppten. Heute steht die legendäre 2,61 m hohe Luna-Säule im Foyer des Museums für das Fürstentum Lüneburg.

➤ Der Marktplatz mit dem Luna-Brunnen

➤ Die Mondgöttin krönt den Luna-Brunnen

Hier steht vor dem Rathaus der **Luna-Brunnen**, der an die Sage von Lüneburg und dem Mond erinnert. Die Figur auf dem Brunnen stellt die Jagdgöttin mit einer Mondsichel auf dem Haupt dar.

Die Nordseite des Marktplatzes nimmt der weiße Bau des ehemaligen **herzoglichen Stadtschlosses** ein, heute Sitz des Landgerichts. Erbaut von 1695–98 war das Haus nie der Sitz des Herzogs, sondern diente von 1705–17 als Witwensitz für die Gemahlin des letzten Herzogs von Celle. 1823 war das Haus Sitz der Landdrostei und wurde von 1866–1918 als Kaserne benutzt. Nach dem Zweiten Weltkrieg waren im Hauptgebäude zunächst Behörden, in den Stallungen Werkstätten und Garagen untergebracht.

Marktplatzbeherrschend ist jedoch eindeutig das Lüneburger **Rathaus,** das über Jahrhunderte gewachsen ist. Seine ältesten Teile gehen auf den Anfang des 13. Jhs. zurück und es ist zweifelsohne eines der schönsten mittelalterlichen Rathäuser Norddeutschlands. Der gewaltige Gebäudekomplex erstreckt sich zwischen dem Marktplatz im Osten, dem Marienplatz im Westen, der Straße »Am Ochsenmarkt« im Norden und der Waagestraße im Süden. Die imposante **Barockfassade** zum Marktplatz ist die dem übrigen Gebäude vorgesetzte Schauseite – ursprünglich gotisch, Anfang des 17. Jh. umgestaltet, dann nochmals 1720 und erneut erheblich um 1870 verändert. Getragen wird die Fassade von fünf vorgesetzten Pfeilern, die auf Schmucktürme der früheren Renaissancefassade zurückgehen. Sie ist reich geschmückt mit 15 Sandsteinfiguren, die mit Gold verziert sind, darunter Justitia, Symbol für das gerechte Urteil. Die Uhr im oberen Teil wurde erstmals 1379 erwähnt, hatte ursprünglich nur einen Stundenzeiger und gab früher Arbeitsbeginn und -ende vor. Die **welfischen Löwen** im Dreieck oberhalb der Uhr halten in ihren Pranken den schon erwähnten Halbmond. Oben wird die Fassade von einem Turm gekrönt, in dem von 1385 bis 1955 eine **Marktglocke** hing und den eine Wetterfahne mit welfischen Löwen ziert. Seit 1956 befindet sich ein Glockenspiel aus Meißner Porzellan im Turm. Die 41 Glocken erklingen nur in der warmen Jahreszeit, und zu hören sind Werke des Lüneburger Komponisten **Johann Abraham Peter Schulz,** an dessen Geburtshaus in der Waagestraße 1 (gegenüber der Rathaus-Südseite) eine Gedenktafel angebracht ist. Die Kompositionen, darunter der Klassiker »Der Mond ist aufgegangen«, erklingen jeweils um 8, 12 und 18 Uhr.

Der »Heide-Express«

Der »Heide-Express« ist ein Oldtimer-Zug, der die **Kleinbahnromantik** der 1950er Jahre vermittelt. Er verkehrt zu bestimmten Terminen auf dem Streckennetz der Osthannoverschen Eisenbahnen AG (OHE), nämlich auf der Geestrandbahn zwischen Lüneburg und Bleckede, auf der so genannten Gebirgsbahn von Lüneburg über Hützel nach Soltau, auf der Elbmarschbahn zwischen Winsen/Luhe und Niedermarschacht, auf der Luhebahn von Winsen/Luhe nach Hützel sowie auf anderen Strecken ab Walsrode und Celle. Die Züge sind mit Gesellschafts- und bewirtschafteten Buffetwagen ausgestattet und können für **Sonderfahrten** gechartert werden. Die regulären Fahrttermine sind oft auf Sonderveranstaltungen am Ziel ausgerichtet. Der Bahnhof »Lüneburg Süd« für die Fahrten Richtung Soltau liegt unweit des DB-Bahnhofs an der Straße »An der Wittenberger Bahn«. Auf dem dort angrenzenden DB-Gelände darf nicht geparkt werden!

Der Fahrkartenverkauf erfolgt mit Ausnahme der Oster- und Nikolausfahrten im Zug, jedoch ist eine Platzreservierung für alle Fahrten unter Tel. 851801 möglich.

▶ Arbeitsgemeinschaft Verkehrsfreunde Lüneburg e.V./Touristik-Eisenbahn Lüneburger Heide GmbH, Am Schierbrunnen 26 (Verein), Lüner Damm 26 (GmbH) (21337), Tel. 58136, Fax 50629, www.heide-express.de

Fahrkartenvorverkauf mit Reservierung für die Oster- und Nikolausfahrten (Auswahl):

▶ Radspeicher, Rad am Bahnhof, Bahnhofstr. 4 (21337), Tel. 266350, Fax 266351, www.radspeicher.de

▶ Verkehrsverein Scharnebeck, Marktplatz 1, 21382 Scharnebeck, Tel. 04136/90721

▶ Buchhandlung Hohmann, Friedrich-Kücken-Str. 1, 21354 Bleckede, Tel. 05852/524

▶ Tourismus Center Amelinghausen, Marktstr. 1, 21385 Amelinghausen, Tel. 04132/930550, Fax 930551, www.amelinghausen.de

➤ Die Körkammer des Bürgermeisters (oben) und die
Alte Kanzlei (unten)

Die Nordseite des Rathauses erstreckt
sich über 110 m entlang der Straße
»Am Ochsenmarkt«, eine Fassade, die
z.T. spätgotisch und z.T. im Stil der
Renaissance erbaut wurde. Auffallend
sind die zahlreichen **Wappen** mit
dem welfischen Löwen. Auf der Nordseite befindet sich auch der Eingang
zu den Rathausführungen.

Man betritt die mit prächtigen De-
ckengemälden geschmückte Rathausdiele und findet rechts in einem

ehemaligen Dienervorzimmer die
Kasse. Die Führung startet vom Oberen **Gewandhaussaal**, der zum ältesten Teil des Rathauses zählt. Hier sind
u.a. Schauvitrinen mit Kopien des
Lüneburger Ratssilbers aufgestellt,
das Ende des 19. Jhs. in großer Geldnot nach Berlin verkauft wurde, ferner
Richtschwerter und alte Folterwerk-
zeuge aus dem 16. Jh. sowie ein Rat-
hausmodell, Skizzen und Grundrisse
des Gebäudes.

Von der Rathausdiele kommt man
in die »**Gerichtslaube**«, eines der
Schmuckstücke des Rathauses aus der
Zeit um 1330. Sie erstreckt sich südwärts in Richtung Waagestraße und
war der Versammlungsraum des Lüneburger Rates vor dem Bau der »Großen
Ratsstube«. Die Glasmalereien in den
drei Südfenstern zeigen neun Helden,
darunter das bereits erwähnte Bildnis
Julius Cäsars. Auch die farbig gewölb-
te Saaldecke verdient Beachtung. Der
Text oberhalb der Rundbögen auf
der Seite zur Rathausdiele forderte die
Ratsherren auf, gegenüber jedermann
ohne Ansehen von Stand und Vermögen Gerechtigkeit walten zu lassen. In
der Sitzungsecke fallen Löcher im Bo-
den auf – eine mittelalterliche Fußbo-
denheizung, denn im Untergeschoss
befand sich früher ein Lehmofen, der
heiße Luft erzeugte, die durch Kanäle
nach oben zog. Jeder Ratsherr konnte
durch Abheben eines Bronzedeckels
die in den Kanälen gespeicherte warme
Luft selbst regulieren.

Von der Gerichtslaube kann man
einen Blick ins **Alte Archiv** (1521)
werfen, ein kleiner Raum mit stei-
lem Kreuzgewölbe, zahlreichen alten Wandschränken und Fächern
zur Aufbewahrung von Dokumenten und Urkunden. Dahinter liegt
die **Bürgermeisterkörkammer** von

➤ Die prächtige Schaufassade mit der Uhr

1491 – hier wurden vertrauliche Sitzungen abgehalten und die jeweils vier Bürgermeister gewählt. Bemerkenswert sind die bemalten Buntglasfenster, welche die Bürgermeister der Wahl von 1491 darstellen.

Auf der dem Marktplatz zugewandten Seite schließt an die »Gerichtslaube« die **Alte Kanzlei** an, die durch ein Gitterwerk in zwei Räume unterteilt ist. Hier sollen im Mittelalter etliche Schreiber Platz gefunden haben. Im vorderen Raum hängt eine Laterne mit dem Knochen der legendären Salzsau.

Von der Rathausdiele gelangt man auf einer großen Freitreppe ins Obergeschoss. Dort erstreckt sich über dem Gewandhaussaal bis zum Marktplatz der 35 m lange, 11 m breite und 5 m hohe Festsaal des Rates aus dem 15. Jh., früher »Danzhus« genannt, heute als **Fürstensaal** bekannt. Die Bilder an den Wänden zeigen Herzogspaare von Braunschweig-Lüneburg, die

aber nicht ihr tatsächliches Aussehen wiedergeben, da die Künstler vergangener Zeiten meist nicht wussten, wie die zu malenden Majestäten aussahen. Erwähnenswert sind auch die alten Leuchter mit Kerzenimitaten. Fanden hier früher prächtige Feste oder Hansetage statt, sind es heute Konzerte, Empfänge oder andere Festlichkeiten.

Der letzte Raum, der im Rahmen der Führung besucht wird, liegt hinter dem Kassenraum. Es ist die **»Große Ratsstube«**, der wohl schönste Raum des Rathauses, der in der zweiten Hälfte des 16. Jhs. entstand. Es ist einer der prächtigsten Renaissancesäle ganz Deutschlands und war beheizbarer Versammlungsraum des Rates. Die Wandgemälde und Malereien an der Kassettendecke schuf Daniel Frese, die sehr detaillierten Eichenholzschnitzereien stammen vom Ratsschnitzermeister Gerd Sultmeier und vom Bildschnitzmeister Albert von Soest. Heute wird

> Blick in den Rathausgarten mit der opulenten Magnolie

Parallel zur Gerichtslaube erstreckt sich auf der Südseite des Rathauses zur Waagestraße hin das Archivhaus, das 1899 im neogotischen Stil erbaut wurde. Ursprünglich stand hier das erste Lüneburger Rathaus aus der Mitte des 13. Jhs. Dort gelangt man auch in den **Rathausgarten**, der besonders im Frühjahr zur Zeit der Magnolienblüte ein Anziehungspunkt ist, und auch zum Stadtarchiv mit alten Urkunden, Briefen, Amtsbüchern, Akten, Karten, Bildern usw. ab dem 13. Jh..

▶ Rathausführungen für Einzelpersonen: Apr–Dez tägl. 10, 11.30, 13.30 u. 15 Uhr, Jan–Mrz Di–Sa 10, 11.30, 13.30 und 15.00 Uhr, Gruppen auf Voranmeldung Tel. 2076620, Fax 2076644, www.lueneburg.de

Der **Marktplatz** vor dem Rathaus ist Ausgangspunkt von zwei nachfolgend beschriebenen Innenstadt-Rundgängen, bei denen man die wichtigsten Sehenswürdigkeiten berührt und die miteinander kombiniert werden können. Wer keine Stadterkundung auf eigene Faust machen möchte, kann sich auch einer organisierten Stadtführung anschließen.

▶ Stadtführung für Einzelpersonen (ohne Rathaus-Innenbesichtigung ca. 1,5 Std.): Mai–Okt u. Dez tgl. 11 u. Sa 14 Uhr, Nov, Jan–Apr Sa 11 Uhr, Gruppen auf Voranmeldung, Information und Buchung über die Tourist-Information im Rathaus, Tel. 20766-20, Fax 20766-44

Salzige Stadtführungen durch das Deutsche Salzmuseum, siehe dort bzw. per Kutsche, siehe im Infoteil unter Kutschfahrten.

die »**Große Ratsstube**« für Empfänge und Ehrungen genutzt.

Zwischen Rathausdiele und Marktplatz erstrecken sich auf der Ochsenmarkt-Seite der Huldigungssaal und der Traubensaal, beide sind normalerweise nicht allgemein zugänglich. Im ersteren Saal mit prächtigen Gemälden tagt noch heute der Stadtrat. Auch die in Richtung Marienplatz anschließende Häuserzeile wird von der Verwaltung genutzt. Dieser Zwischentrakt führt zum Kämmereiflügel von 1482, der den Marienplatz begrenzt. An seiner Außenfassade fallen sieben vergoldete Eichenholzfiguren in Nischen auf. An der Ecke zum Ochsenmarkt liegt die »**Große Kommissionsstube**«, wo früher der Rat nach dem Tod eines Bürgermeisters für vier Wochen tagte. In diesem Gebäudeteil liegt auch die obere Kämmereidiele mit den Diensträumen der Verwaltungsspitze und des Bürgermeisters.

> Blick auf Markt und Rathaus

1 Der westliche Stadtrundgang

Ausgangspunkt ist das Rathaus. An seiner Nordfront beginnt die Straße »Am Ochsenmarkt«, die zum Marienplatz führt. Gleich vorn steht das **Heinrich-Heine-Haus**. Es handelt sich um ein zweigeschossiges, giebelständiges Längsdielenhaus mit Zwischengeschoss, dessen älteste Teile im Kellerbereich, Mauerreste aus Granitfeldsteinen, in die Zeit um 1300 zurückreichen. Der Staffelgiebel wird durch **Delphinreliefs** aus hellem Sandstein belebt, dessen Eingang ein Sandsteinportal mit muschelförmigen Sitzkonsolen bildet. Links findet man das Witzendorff'sche Wappen, rechts das der Familie Haker, aus welcher die Ehefrau des Erbauers Hartwig Witzendorff stammte. Ursprünglich gab es an der Ecke Am Ochsenmarkt/ Burmeisterstraße sogar zwei Häuser. 1484 gelangte der dem alten Rathauseingang gegenüberliegende Besitz an die Patrizierfamilie Witzendorff. Um 1500 errichtete man auf den Mauerresten der beiden Gebäude ein neues Haus. Unter Verdoppelung der Grundfläche und Einbeziehung alter Bausubstanz entstand schließlich um 1565 das heutige Heinrich-Heine-Haus. Es diente ursprünglich als **Tanzhaus**, während der Flügel, in dem sich heute die Volksbank befindet, als Wohnraum genutzt wurde. Der ehemalige frühbarocke Tanzsaal im Erdgeschoss dient heute als Trauzimmer und erhielt seine wunderschöne Raum- und Deckenbemalung um 1600. Bei umfangreichen Restaurierungsarbeiten von 1986 bis 1993 wurden in fast allen Räumen Wand- und Deckenbemalungen aus dem 16. und 19. Jahrhundert freigelegt, darunter auch die schöne Decke im heutigen Lesesaal.

In seiner langjährigen Geschichte hatte das Haus etliche Besitzer und erhielt seinen Namen, weil hier von 1823 bis 1826 die Eltern von Heinrich Heine und zeitweise der Dichter selbst gewohnt haben. Das Gebäude ist heute im Besitz der Stadt Lüneburg. In der ersten Etage finden sich der Bund Bildender Künstler e.V., die Literarische Gesellschaft Lüneburg e.V. und das Literaturbüro Lüneburg e.V., im zweiten Obergeschoss gibt es Ausstellungs- und Veranstaltungsräumlichkeiten. Hier werden Ausstellungen, Autorenlesungen, Vorträge, Konzerte u.v.m. durchgeführt, die Räumlichkeiten werden aber auch für Veranstaltungen vermietet. Die Stadt Lüneburg und das Land Niedersachsen vergeben jedes Jahr ein Literaturstipendium, und so erhalten zwei deutschsprachige Autoren die Möglichkeit, für mehrere Monate die im Haus befindliche Stipendiatenwohnung zu nutzen und sich in dieser Zeit vollständig auf ihr literarisches Schaffen zu konzentrieren.

▶ Literaturbüro Lüneburg e.V. im Heinrich-Heine-Haus, Am Ochsenmarkt 1 (21335 bzw. Postfach 2540/PLZ 21315), Tel. 309-687, Fax 309-688, www.lueneburg.de, Mo–Fr 8–12 Uhr. Ansprechpartner für

➤ Das Heinrich-Heine-Haus am Ochsenmarkt

69

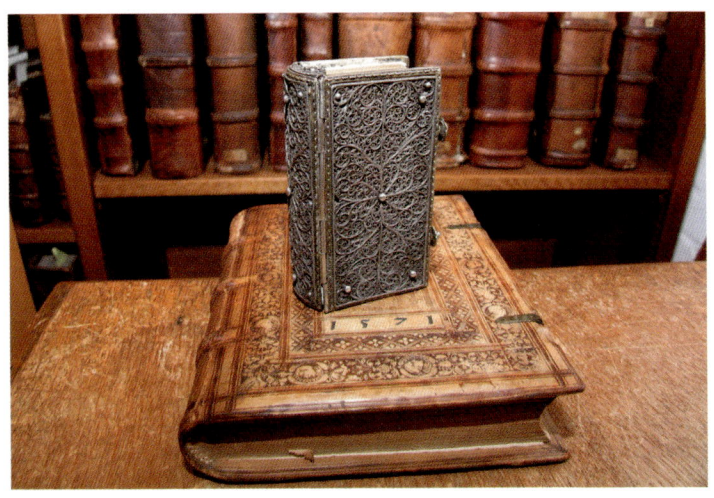

> Historisches Buch mit silberfiligranem Einband in der Ratsbücherei

die Anmietung der Veranstaltungsräume ist das Kulturamt Lüneburg, Tel. 309-362

Folgt man der Straße »Am Ochsenmarkt« auf der Nordseite des Rathauses, kommt man zum Marienplatz. Dieser dreieckige Platz wird im Osten durch das Kämmereigebäude des Rathauses begrenzt und wurde früher auch Pottmarkt genannt, weil man einst jegliche Art von Geschirr auf dem Platz handelte. An der Nordseite liegt die über 600 Jahre alte historische **Ratsbücherei**, eine der ältesten Stadtbibliotheken Deutschlands, die ursprünglich im Rathaus untergebracht war. 1555 verließen die letzten Mönche das im 13. Jh. gegründete Franziskanerkloster. Der Rat der Stadt übernahm die Räumlichkeiten und führte die Buchbestände des Franziskanerklosters und des Rates zusammen. Während die ursprünglich zum Kloster gehörende St. Marienkirche 1818 ein Opfer der Senkungen wurde, sind Teile des Klosters erhalten geblieben und in die heutige Ratsbücherei einbezogen. Dazu zählen die gotische zweischiffige Halle mit **Kreuzgewölben** im Erdgeschoss (ein Rest des Kreuzganges) sowie die historische Nordwand. In der Wand findet man acht große, fast raumhohe Nischen, die mit dem für Lüneburg typischen Taustab verziert sind. Vor dem Eingang steht eine Büste von Johann Abraham Peter Schulz, dem Lüneburger Komponisten. Zu den kostbarsten Beständen der Bibliothek gehören zahlreiche historische Bücher sowie Pergament- und Papierhandschriften, besonders erwähnenswert sind zwei Sachsenspiegel (von 1410 bzw. 1445) und der 159 Perga-

> Taustab: eine typische Verzierung aus Backstein

Heinrich Heine

Vermutlich am 13. Dezember 1797 in Düsseldorf als Harry Heine und ältestes von vier Kindern der jüdischen Tuchmacherfamilie Samson Heine geboren, zählt er zu den bedeutendsten deutschen Dichtern und Journalisten des 19. Jhs. Schon als Schüler schrieb er erste Gedichte und verließ 1814 das **Düsseldorfer Lyzeum** ohne Abschluss, arbeitete 1815 kurzzeitig beim Frankfurter Bankier Rindskopff, besuchte eine Handelsschule, wo er statt zu rechnen Gedichte schrieb und deshalb schon bald wieder in Düsseldorf war.

Nun sollte der reiche Bruder des Vaters helfen, und so kam Harry zu seinem Onkel Salomon nach Hamburg. Dieser hatte zwar kein Verständnis für Heines literarische Ader, unterstützte ihn aber finanziell bis zu seinem Tode. Heine absolvierte eine **kaufmännische Lehre** im Geschäft seines Onkels, litt unter der nicht erwiderten Liebe zu seiner Kusine Amalie, erhielt 1818 von seinem Onkel Geld für ein eigenes Geschäft, war aber bereits im Frühjahr 1819 pleite. Onkel Salomon bewilligte ihm nun finanzielle Mittel für ein juristisches Studium in Bonn.

Zum Wintersemester 1820 wechselte Heinrich Heine an die **Universität Göttingen**, wurde von dieser aber schon bald wegen einer Duellaffäre verwiesen. 1821 immatrikulierte er sich in Berlin, studierte dort bis 1823 und fand Kontakt zu den literarischen Kreisen der Stadt. 1822 erschienen bei Maurer in Berlin seine ersten Gedichte, und er unternahm seine erste Auslands-

*Ich weiß nicht, was soll es bedeuten
Daß ich so traurig bin;
Ein Märchen aus alten Zeiten
Das kommt mir nicht aus dem Sinn.
(…)*

Aus: Loreley
(Buch der Lieder – Heimkehr) –
der Text entstand in Lüneburg

reise nach Polen. Im Mai 1823 war die Berliner Zeit zu Ende. Sein Vater war zwischenzeitlich schwer an Epilepsie erkrankt und der Onkel aus Hamburg holte die ganze Familie zunächst nach Bad Oldesloe, dann nach Lüneburg, wo diese bis 1826 im heutigen Heinrich-Heine-Haus wohnte. So war auch Harry ab 1823 gewissermaßen in Lüneburg zu Hause. Anfangs fehlte ihm hier jegliche Bekanntschaft, und er fühlte sich in einer Residenz der Langeweile, andererseits hatte der Provinzort Lüneburg etwas Heimatliches.

71

➤ Vortragsraum im Heinrich-Heine-Haus

1823 erschien das Werk »Tragödie« nebst einem lyrischen Intermezzo bei **Julius Campe** in Hamburg, der bis zu Heines Tod sein Verleger blieb. 1824 veröffentlichte er sein in Deutschland wohl populärstes Werk »Die Loreley« im Rahmen der Sammlung »Dreiunddreißig Gedichte«, das in Lüneburg entstand. Im selben Jahr besuchte er den von ihm sehr verehrten Goethe in Weimar, der ihm aber nur höflich distanziert begegnete. Wieder in Göttingen, ließ Heine sich protestantisch taufen, nahm die Vornamen **Christian Johann Heinrich** an und promovierte 1825 zum Doktor der Rechte. Seinen Übertritt zum Christentum bedauerte er später mehrfach.

1826 veröffentlichte er den Reisebericht »Harzreise« und im Oktober 1827 den bis heute populären Lyrikband »Buch der Lieder«. Die Gedichtesammlung »Heimkehr« entstand ebenfalls überwiegend in Lüneburg. Im Herbst desselben Jahres übersiedelte er nach München, wo er kurzzeitig als Redakteur arbeitete. Am 2. Dezember 1828 verstarb sein Vater, und er zog nach Hamburg.

Wegen seiner politischen Ansichten zunehmend angefeindet und der in Deutschland herrschenden Zensur überdrüssig, zog Heine 1831 nach Paris, wo seine zweite Lebens- und Schaffensphase begann. Er wurde Korrespondent der Augsburger Allgemeinen Zeitung und arbeitete für französische Journale. Sein Vaterland sollte er nur noch zweimal wiedersehen, da die Veröffentlichung seiner Werke 1833 zuerst in Preußen, dann 1835 in allen Mitgliedstaaten des Deutschen Bundes verboten wurde. Trotzdem ließ Heine seine Bücher weiterhin in Deutschland drucken. 1834 lernte er die Schuhverkäuferin Mathilde kennen, die er 1841 heiratete. In Paris veröffentlichte Heinrich Heine eine Flut von Essays, politischen Artikeln, Denkschriften, Gedichten und Prosawerken. Die Anerkennung in Frankreich wurde auch damit dokumentiert, dass die französische Regierung ihm 1835 eine jährliche Unterstützung bewilligte, die bis 1848 gezahlt wurde. 1844 starb Onkel Salomon, 1848 erkrankte Heine an **Rückenmarkschwindsucht**, nachdem er schon jahrelang unter seiner schlechten Gesundheit gelitten hatte. Fast vollständig gelähmt, verbrachte er seine letzten Lebensjahre auf der von ihm so bezeichneten »Matratzengruft«. Auch in der Zeit seines qualvollen Krankenlagers verließ ihn die geistige Schaffenskraft nicht. Da er nicht mehr selbst schreiben konnte, diktierte er einem Sekretär Verse und Schriften. Am 17. Februar 1856 verstarb Heinrich Heine in Paris, wo er auch begraben wurde.

> In der Straße »Auf dem Meere«

mentblätter umfassende niederdeutsche Schwabenspiegel aus der Zeit um 1410. Das älteste Buch stammt aus dem 12. Jh.

▶ Ratsbücherei, Am Marienplatz 3 (21335), Tel. 309–609 (bibliothekarische Auskünfte 309–619), Fax 309–507, ratsbuecherei@luene burg.de, www.bz-lueneburg.de, Di, Do u. Fr 10–18 Uhr, Mi u. Sa 10–13 Uhr

Am Marienplatz beginnt auch das **»Senkungsgebiet«**, das den westlichen Stadtbereich mit dem Kalkberg als Mittelpunkt umfasst. Äußere Grenzen sind grob folgende Straßenzüge: Marienplatz - Neue Sülze - Salzstraße - Vor der Sülze - Am Bargenturm - Sültenweg - Jägerstraße - Vor dem Neuen Tore - Dörnbergstraße - Lauensteinstraße - Frommestraße - Bastionstraße - Egerstorffstraße - Marienplatz. Die Auslaugung des Salzstocks und die frühere Abpumpung der Sole führte zu einem Absinken der oberen Deckschicht des Salzstocks, wodurch es zu

Senkungserscheinungen kam. Diesen fielen in der Vergangenheit im Bereich des Salzstocks viele Gebäude zum Opfer - auch heute sind die Senkungen noch nicht vollständig zum Stillstand gekommen, obwohl längst kein Salz mehr gewonnen wird. Es gab Gebäude, bei denen Küche und Diele über einen längeren Zeitraum einen halben Meter absackten, während das Wohnzimmer auf dem ursprünglichen Niveau blieb, oder Keller sackten in den Grundwasserbereich ab und konnten nur noch mit Sand zugeschüttet werden.

Prominente Senkungsopfer waren die **St. Marienkirche** des früheren Franziskanerklosters, die St. Lambertikirche am St. Lambertiplatz (1860), die Grundschule am Graalwall (1962) sowie das Hauptpostamt am Marienplatz (1972). Heute ist dieser Stadtbereich weitgehend saniert und in ein städtebauliches Kleinod umgewandelt worden.

Auf dem Weg vom Marienplatz durch die Straße **»Auf dem Meere«** zur Michaeliskirche kommt man am Haus

73

➤ 1765 erhielt der Turm der Michaeliskirche die bis heute weithin sichtbare grüne Haube

Nr. 9 vorbei. Ursprünglich standen dort drei Häuser, die später zu einem Komplex zusammengefügt wurden. Der mittlere Hausteil ist unterkellert und hat sich durch größere Stabilität weniger abgesenkt als die beiden Außenteile ohne Keller. Am Ende der Straße »Auf dem Meere« trifft man auf die Gasse »Am Iflock« und erreicht linkerhand den Johann-Sebastian-Bach-Platz, an dem die **St. Michaeliskirche** liegt, die auch heute noch von Senkungen bedroht ist. Auf dem nahen Kalkberg gründete Markgraf Hermann Billung im Jahre 956 ein Benediktinerkloster, zu dem von Anfang an eine Kirche gehörte. Nach der Zerstörung der Burg auf dem Kalkberg im Jahre 1371 wurden auch das Kloster und die Kirche in die Stadt verlegt und am Fuß des Kalkberges von 1376 bis 1418 neu aufgebaut. Die nördlich vorgelagerte **Abtskapelle** wurde 1485 angefügt, der Turm blieb zunächst unvollendet, erhielt aber 1765 seine grüne Haube. Das Satteldach der dreischiffigen Hallenkirche geht auf das Jahr 1750 zurück. Schlanke Rundpfei-

ler, die das Kreuzgewölbe über dem Hauptschiff tragen, und spitzbogige **Glasfenster** prägen das Kircheninnere. Ursprünglich reich an Kunstschätzen, wurde sie jedoch im 17. und 18. Jh. ihrer Kunstschätze beraubt. Erhalten blieb lediglich die Sandsteinkanzel des Bildhauers David Schwenke von 1602 mit Reliefdarstellungen der Evangelisten, Szenen aus dem Leben Christi sowie Darstellungen von Propheten und Aposteln. Die große Orgel entstand 1708, wurde mehrfach umgebaut und erneuert. Noch heute finden in der Kirche regelmäßig Orgelkonzerte statt.

Das nördlich der Kirche gelegene **Kloster** bestand nach der Reformation zunächst als evangelisches Männerkloster fort und wurde 1655 in eine **Ritterakademie** mit einer Schule für Adelige umgewandelt. Johann Sebastian Bach besuchte von 1700 bis 1702 die St. Michaelis-Schule. Diese bot kostenlosen Unterricht, eine seltene Vergünstigung, die sich die Schüler u.a. dadurch verdienten, dass sie die Gottesdienste musikalisch gestalte-

Nickel List
und der Millionenraub von St. Michaelis

Nickel List soll im 17. Jh. als Sohn eines Tagelöhners in einer Töpferwerkstatt geboren worden sein, gab sich aber als biederer Gastwirt in Beutha aus und zuweilen auch als Adeliger. In Wirklichkeit war er jedoch der Anführer einer Bande und tatsächlich der berüchtigste **Kirchenräuber** seiner Zeit.

Unbemerkt schlichen List und vier seiner Kumpanen durch die Nacht, öffneten mit einem Nachschlüssel die St. Michaeliskirche und beraubten am 6. März 1698 die sagenhafte »Goldene Tafel«: 10 Pfund pures Gold, Silber, Perlen und Edelsteine wurden aus dem kostbaren Reliquienschrein herausgebrochen. Nach dem **Raub** wurde er überall gesucht, reiste aber als Freiherr von Mosel in Begleitung einer Dienerschar, seinen Kumpanen, durch die Lande. Sein angenommener Adelstitel verriet aber auch seine Herkunft: Mosel ist nämlich der Name einer kleinen Ortschaft bei Zwickau. Sein Vater hatte kein Geld für eine gu-

te Ausbildung und so kam List als Stalljunge des Grafen von Schönburg in Kontakt mit der feinen Gesellschaft. Als Hochbegabter lernte er Latein und manch anderes im Selbststudium, erwarb medizinische Kenntnisse und stellte sogar Rezepte aus. Den Bürgern von Beutha blieb er als klug, geschickt und hilfsbereit in Erinnerung. Zum Verhängnis wurde List aber letztendlich der **Kirchenraub in Lüneburg**. Gefangengenommen wurde er schließlich in Greiz und man brachte ihn unter scharfer Bewachung nach Hof. Anschließend wurde er nach Celle überstellt, wo er zum Tode verurteilt und die Strafe vollstreckt wurde. Nickel List werden mehr als 40 Diebstähle, neun Kirchenraube und zwei Morde an Landschöffen, die ihn festnehmen wollten, nachgesagt.

➤ Nickel List als »feiner Herr« (oben),
   unten sieht man die Hinrichtungsstätte
   der Schurken

ten. So sang und musizierte Bach als Mettenschüler in der Kirche. 1859 wurde die Ritterakademie aufgehoben, und Senkungsschäden führten schließlich zum Abbruch der Klostergebäude. Heute stehen hier Verwaltungsgebäude des Landkreises. Bei Ausgrabungen 1978/79 wurde auf der Nordseite der St. Michaeliskirche der **Kapitelsaal** von 1388 freigelegt und kann dort besichtigt werden.

▸ St. Michaeliskirche, Johann-Sebastian-Bach-Platz (21335), Tel. 31400, Fax 37176, www.sankt-michaelis.de, Apr–Okt Mo–Sa 10–17 Uhr, So 14–17 Uhr, Nov–Mär Mo–Sa 10–16 Uhr, So 14–16 Uhr

Von der St. Michaeliskirche folgt man der Görgesstraße bis zu ihrem Ende und kommt zum Schlöbckeweg, der zum Fuß des Kalkberges führt. Dort geht es dann linkerhand hinauf zum **Aussichtspunkt**. Von hier kann man alle

➤ Während des Historischen Marktes (1. Dezember-Wochenende) wird das 16. Jh. rund um die Michaeliskirche wieder lebendig

Türme der Stadt, alle Kirchen sowie den Wasserturm sehen. Der **Kalkberg** gilt als eine der drei Keimzellen Lüneburgs, denn hier wurden um 950 eine Burg und auch ein Benediktinerkloster errichtet. Eigentlich müsste der Kalkberg Gipsberg heißen, denn nach Zerstörung der Burg 1371 setzte ein immer stärkerer Abbau von **Gips** ein, der gebrannt und als Mauerkalk in ganz Norddeutschland verkauft wurde. Der heute 56 m hohe Berg hat vermutlich ein Drittel seiner ursprünglichen Höhe und etwa sechs Siebtel seines Ausmaßes verloren. Auch Sträflinge aus der ursprünglich am Ostfuß des Berges liegenden Kettenstrafanstalt wurden zum Abbau eingesetzt, der vor allen Dingen von Süden und Westen her erfolgte. Gelang es einem Sträfling zu fliehen, wurde mit einer Kanone auf dem Kalkberg ein Böllerschuss abgegeben, der die Bürger informierte – denn für das Ergreifen eines Geflohenen war eine Kopfprämie ausgesetzt. Noch heute erinnert eine kleine Kanone auf der Bergkuppe an diese Zeit. Bis 1900 hatte man die fast nicht vorstellbare Menge von etwa zwei Millionen Kubikmetern Gips abgebaut. 1921 wurde die Nutzung des Steinbruchs eingestellt. Bereits 1878 war die oberste Kuppe des Berges geschützt worden, indem man diese unter **Denkmalschutz** stellte. 1932 wurde dann der restliche Berg und ehemalige Gipssteinbruch zum Naturdenkmal und **Naturschutzgebiet** erklärt. Der alte Steinbruch auf der Südseite hat sich seither zu einem wertvollen Biotop entwickelt. So findet man hier über 250 verschiedene Blütenpflanzen, von denen etwa 40 zu den gefährdeten Arten in Norddeutschland zählen. Das Areal ist natürlich auch die Heimat diverser Tiere und durch schöne Wege erschlossen. Auf der Südwestseite des Kalkberges erinnern alte Gebäude an den früheren

> Auf jeden Fall einen Besuch wert: Das Deutsche Salzmuseum

Steinbruch, darunter auch ein Gipsofen. Dort unterhält der BUND der auch Führungen für den Kalkberg anbietet, eine Natur- und Umweltstation, .

▶ Bund für Umwelt- und Naturschutz (BUND), Geschäftsstelle der Kreisgruppe Lüneburg, Katzenstr. 2 (21335), Tel. 402877, Fax 47512, www.bundniedersachsen.de/kg/lueneburg, Di u. Mi 15–17 Uhr, Kalkberg-Führungen ab Natur- und Umweltstation (Gipsofen), Beim Kalkberg 7 (21339), Tel. 683936, jeden letzten Sonntag im Monat um 11 Uhr, für Gruppen Sonderführungen nach Vereinbarung

Vom Kalkberg gelangt man über den Schlöbckeweg wieder zurück, biegt am Ende rechts auf die Straße »Beim Benedikt« – die Gebäude rechts gehörten früher zur Kettenstrafanstalt. Auf der Salzbrückerstraße gelangt man halblinks durch das Senkungsgebiet zum St. Lambertiplatz, wo einst eine gleichnamige Kirche stand, die ebenfalls den Senkungen zum Opfer fiel. Am Südende des Platzes zweigt rechts die Sülf-

meisterstraße ab und führt zum **Deutschen Salzmuseum**, das als Industriedenkmal auf dem Gelände der ehemaligen Saline liegt. Hier erfährt man alles zum Thema Salz und seiner Bedeutung für Lüneburg, zur früheren Saline, zur Salzgewinnung und zum Salzhandel. Man betritt das Museum durch einen alten **Eisenbahnwaggon**. In der großen Museumshalle wird man durch Lichteffekte zu den einzelnen Ausstellungsstücken und Inszenierungen geführt. Interaktive Computerstationen laden zum Mitmachen ein. Schließlich kann man in einem nachgebauten Stollen zu einer Solequelle hinabgehen und in kleinen Pfannen selbst Salz sieden. Eine alte 8 m breite und 20 m lange Siedepfanne zeigt die zuletzt angewandte Siedetechnik. Auf dem ehemaligen **Salinengelände** gibt es aber noch mehr Gebäude zu besichtigen. Dazu gehört das 1832 erbaute **Brunnenhaus**, das über dem Solebrunnen steht, in dem verschiedene unterirdische Quellen zusammengeführt wurden, die man bergmännisch durch kurze Stollen erschlossen hatte. Deshalb findet man an

77

➤ In der Schröderstraße …

diesem Gebäude auch noch das Bergmannszeichen mit dem Spruch »Glück auf!« Heute wird es nur noch zur Förderung der Sole für das Kurzentrum mit der Salztherme benutzt.

Der so genannte Eselsstall ist das zweitälteste Gebäude auf dem Salinengelände und war früher zum Teil Lagerraum, Schmiede, Böttcherei, aber auch Eselsstall. Das Gebäude stand ursprünglich allerdings nicht hier und wird heute für Sonderausstellungen genutzt. Gegenüber dem Eselsstall erhebt sich ein Hügel, ein Rest des alten Stadtwalls. Dort standen ursprünglich zwei hölzerne Solebehälter, wo Sole bevorratet, gereinigt und dann durch gusseiserne Rohrleitungen zu den Siedepfannen geleitet wurde.

▶ Deutsches Salzmuseum, Industriedenkmal Saline Lüneburg, Sülfmeisterstraße 1 (21335), Tel. 45065, Fax 45069, www.salzmusuem.de, Mai–Sep Mo–Fr 9–17 Uhr, Sa u. So 10–17 Uhr, Okt–Apr tgl. 10–17 Uhr, Führungen (Dauer ca. 1 Std.) Mo–Fr 11, 12.30 und 15 Uhr, Sa u. So 11.30 und 15 Uhr sowie für Gruppen nach Vereinbarung. Schulklassen und Jugendgruppen dürfen das Museum nur im Rahmen einer vorangemeldeten Führung besuchen. Historisches Salzsieden mit Führung von Mai–Sep. Daneben werden auch »Salzige Stadtführungen« angeboten

Vom Deutschen Salzmuseum geht man zurück zum St. Lambertiplatz, dann weiter nordwärts durch die Salzstraße, wo man schon bald auf der rechten Straßenseite zum **Naturmuseum Lüneburg** kommt. Die Ausstellung widmet sich unterschiedlichen Themen – so der Eiszeit in Norddeutschland, Fossilien aus der Kreidezeit, Lüneburgs unruhigem Untergrund, dem Lebensraum Wald, Heide und Moor. Im Museumshof findet man überdies nicht nur alte Pumpen, sondern auch den Nachbau eines alten typischen Ziehbrunnens.

▶ Naturmuseum Lüneburg, Salzstr. 26 (21335), Tel. 403883, Fax 244757, www.lueneburg.de, Di–

➤ ... lässt es sich gut einkaufen oder auch nur bummeln

Sa 10–16 Uhr, So 10–13 Uhr, Führungen und Seminare auf Anfrage

Folgt man der Salzstraße in bisheriger Richtung bis zur nahen Straßenkreuzung, kommt man rechts in die
Grapengießerstraße, die ihren Namen vom »Grapen«, einem dreifüßi-
gen mittelalterlichen Kochtopf, hat.
Ursprünglich war sie eine Straße der
Handwerker, heute ist sie eine der
Haupteinkaufsstraßen Lüneburgs.
Hier findet man noch zahlreiche alte
Häuser oder es sind zumindest die Fas-
saden erhalten. Beispielhaft sei hier das
an der Ecke Kuhstraße stehende
Haus Grapengießerstraße 15 genannt,
das urkundlich erstmals 1614 erwähnt,
vermutlich aber älter ist. Es wurde un-
terschiedlich genutzt, z.B. als Back-
haus, Textillager und Schlachterei. Im
Rahmen der Stadtsanierung 1964 wurde der Giebel umgestaltet, und das Gebäude erhielt einen Arkadengang.
Die Kuhstraße bietet die Möglichkeit zum vorzeitigen Abbruch dieses
Rundganges. Über den Schrangen-
platz, durch die **Schröderstraße**, ei-

nes der Kneipenviertel und die Straße
An der Münze käme man direkt zum
Marktplatz zurück. Geradeaus führt
die Grapengießerstraße jedoch vorbei
an zahlreichen Geschäften zum **Platz
Am Sande**, über den man mehr im
Rahmen des »Östlichen Stadtrund-
gangs« erfährt. Man erreicht diesen
Platz an seiner Westseite, wo er vom
eindrucksvollen Doppelgiebelhaus,
dem **Schütting**, begrenzt wird – das
1548 errichtete Brauhaus ist auch als
Schwarzes Haus bekannt. Auffallend
ist das Gebäude durch seinen schwarz-
weiß glasierten Backstein. Erwähnenswert sind auch die so genannten Tau-
steinverzierungen, wie ein Schiffstau
gedrehte Ziersteine aus Backstein. Der
Name Schütting erinnert an die zwi-
schenzeitliche Nutzung als Gastwirtschaft bzw. an das frühere traditionelle Lüneburger Gesellschaftshaus, das
unter diesem Namen bekannt war.
Von hier geht man um das Gebäude herum durch die Heiligengeiststraße, die
sich südlich der Grapengießerstraße
Richtung St. Lambertiplatz zieht. An

ihrer linken Seite liegt im Gebäude der einstigen Kronenbrauerei das einzige **Brauereimuseum** Norddeutschlands. Lüneburg hat eine alte Brautradition, gab es hier doch einst 82 Brauereien, hauptsächlich in dieser Straße – und angeblich sollen die Bewohner Lüneburgs im 16. Jh. im statistischen Schnitt pro Tag 1,7 Liter Bier getrunken haben. Die 1485 erstmals erwähnte Kronenbrauerei ist heute im Besitz der Holsten-Brauerei AG und das Lüneburger Pils wird heute in Hamburg produziert. Im Museum im alten Sudhof kann man alte Gerätschaften, Trinkgefäße, Braukessel usw. besichtigen. Erwähnenswert sind aber auch die Räumlichkeiten des benachbarten Krone Bier- und Brauhauses, darunter die große mittelalterliche Festdiele.

▶ Brauereimuseum, Heiligengeiststraße 39–41 (21335), Tel. 44804, Fax 401402, www.lueneburg.de, Di–So 13–16.30 Uhr, Führungen auf Anfrage

Vom Brauereimuseum folgt man der Heiligengeiststraße noch ein Stück in bisheriger Richtung, biegt dann links in die Rackerstraße ab und an ihrem Ende nochmals links in die Ritterstraße, die parallel zur Heiligengeiststraße verläuft. An ihr liegt linkerhand seit 1987 das **Ostpreußische Landesmuseum**. Als kulturhistorisches Museum für die früheren deutschen Ostgebiete vermittelt es auf fünf Etagen und in verschiedenen Ausstellungen viel Wissenswertes und macht ein Stück deutscher Geschichte anschaulich. Zu den sechs Dauerausstellungen gehört die Abteilung »Naturkunde«, wo naturgetreue Dioramen mit Tier- und Pflanzenpräparaten einen Einblick in ostpreußische Landschaften vermitteln. Ausstellungsstücke zu den Themen Jagd, Land- und Forst-

wirtschaft sowie Pferdezucht ergänzen diesen Bereich. Beeindruckend sind die Bernsteinsammlung und der Bereich »Malerei, Grafik und Plastik« (u.a. Corinth, Kollwitz). Daneben gibt es Wechselausstellungen, eine Präsenzbibliothek, Videobereich, Führungen, organisierte Kinderprogramme und -geburtstage sowie Museumsgespräche für Erwachsene. In Zusammenarbeit mit der Carl-Schirren-Gesellschaft (s.u. Brömse-Haus), soll in einem Anbau ein Deutsch-Baltisches Museum eröffnet werden.

▶ Ostpreußisches Landesmuseum, Ritterstr. 10 (21335), Tel. 75995-0, Fax 75995-11, www.ostpreussisches-landesmuseum.de, Di–So 10–17 Uhr

Auf der Ritterstraße kommt man in bisheriger Richtung zur »Roten Straße«, folgt dieser links zurück zum Platz »Am Sande« und kommt rechts in die **Kleine Bäckerstraße**, die mit der anschließenden **Großen Bäckerstraße** die Hauptgeschäftsstraße Lüneburgs bildet. Ein besonders schönes Gebäude liegt auf der linken Seite der »Großen Bäckerstraße«, die **Alte Rathsapotheke**, die 1598 unter Verwendung älterer Bauteile errichtet wurde. Das Haus Nr. 9 bietet ein prächtiges, aus Buchenberger Sandstein bestehendes Renaissanceportal, eine schmuckreiche Fassade und einen schönen Giebel. Die Apotheke selbst wurde 1437 gegründet, war als erste Apotheke Lüneburgs anfangs in der Großen Bäckerstraße 5 ansässig und wurde 1524 hierher verlegt. Folgt man der Großen Bäckerstraße in bisheriger Richtung, erreicht man wieder den Marktplatz.

➤ Typischer blumengeschmückter Giebel in der Grapengießerstraße

2 Der östliche Stadtrundgang

Über die Hauptgeschäftsstraßen Lüneburgs, die Große und die Kleine Bäckerstraße, gelangt man vom Marktplatz zum **Platz Am Sande**, der von vielen hohen Backsteingiebelhäusern verschiedener Epochen umrahmt ist und im Osten vom hoch aufragenden Turm der St. Joahnniskirche abgeschlossen wird. Es ist der älteste Platz Lüneburgs an der Kreuzung der Wege zwischen den drei Siedlungszellen der Stadt. Früher befanden sich hier zahlreiche Herbergen für Fuhrleute, heute umsäumen ihn dagegen Gaststätten und Geschäfte. Die meisten Giebelhäuser stammen aus dem 16. und 17. Jh., der älteste Treppengiebel (Am Sande 53) aus der Zeit um 1400. Die am Ostende des Platzes gelegene **St. Johanniskirche** ist eine der ältesten Taufkirchen Niedersachsens und die bedeutendste Kirche Lüneburgs. Der erste Bauabschnitt einer zunächst dreischiffigen Kirche datiert in den Zeitraum 1289 bis 1308. Bis 1370 entstand die heutige fünfschiffige Kirche, an der aber auch in den späteren Jahren und nach einem Brand 1406 weiter- und angebaut wurde. Zu einem **Wahrzeichen** Lüneburgs wurde der 108 m hohe Kirchturm, der sich zur Seite neigt, weil der weiche Untergrund dem Gewicht des Turmes nachgibt. Der Architekt war darüber so deprimiert, dass er sich vom Turm in den Tod stürzte. Auf halber Höhe setzen über der zweigeschossigen Turm-

halle die reich verzierten Spitzgiebel an, die in den mit Kupfer gedeckten Helm übergehen. Im Kircheninneren ist besonders der **Hochchor** mit dem Hauptaltar beachtenswert, ein Meisterwerk vier einheimischer Schnitzmeister und des Hamburger Malers Hinrich Funhof aus dem 15. Jh. Die Orgel wurde 1553 von dem Niederländer Jasper Johannsen erbaut und steht in Klang und Ausdrucksstärke anderen Kirchenorgeln in Norddeutschland nicht nach. Eine Tradition, die bis in die Zeit des Dreißigjährigen Krieges zurückreicht, ist das Turmblasen. Jeden Werktag werden die Spätaufsteher vom Flügelhorn eines der letzten **Turmbläser** Deutschlands geweckt, der dann einen Choral über die Dächer Lüneburgs bläst.

▸ St. Johanniskirche, Am Sande (21335), Tel. 44542, Fax 404821, www.st-johanniskirche.de, Mitte Mrz–Okt Mo–Do 10–17 Uhr, Fr 10–20 Uhr, Sa 10–18 Uhr, So 11–17 Uhr, übrige Zeit Fr 11–20 Uhr, Sa 11–18 Uhr, So 11–17 Uhr, Führungen auf Anfrage, Turmbesteigungen zu bestimmten festen Terminen bzw. ab 5 Pers. individuell vereinbar unter Tel. 774344, Fax 774345, www.turmfuehrungen.de, Turmbläser Mo–Fr 9 Uhr, Sa 10 Uhr, Orgelmusik jeden Fr 17.30 Uhr (15 Min.), Konzerte im Rahmen des Programms »Kirchenmusik in den Lüneburger Stadtkirchen«

Von der St. Johanniskirche geht man ein kurzes Stück auf der Straße »Bei der St. Johanniskirche« weiter, dann

➤ Eine der ältesten Taufkirchen Niedersachsens: St. Johannis

rechts entweder in die Kalandstraße oder nachfolgend in die Straße Bei der Ratsmühle und kommt in Kürze zum Lüneburger **Wasserturm**, der, am Rande der historischen Innenstadt gelegen, von seiner Aussichtsterrasse in 56 m Höhe ein unvergleichbares Panorama auf die Dächer und Giebel Lüneburgs sowie seiner Kirchen bietet. Bei gutem Wetter reicht die Sicht 40 km weit und geht bis Hamburg. Mit seinen Türmchen, Zinnen und aufstrebenden Pfeilern im neugotischen Stil erinnert der Lüneburger Wasserturm eher an einen mittelalterlichen Ritterturm. Er wurde 1906/07 vom Architekten Franz Krüger auf den Resten der mittelalterlichen Wallanlage errichtet und war mit einem vollständigen Wasserwerk ausgestattet. Das hier gewonnene Frischwasser stammte aus Quellbrunnen der Ilmenauniederung und wurde von den Pumpen der nahen Ratsmühle bis unter das Dach des Wasserturms gefördert. Nach einem Reinigungsprozess konnte das Wasser in die Leitungen für die höher gelegenen Stadtteile eingespeist werden. Damals galt das Bauwerk mit einem 500.000-Liter-Hochtank, Enteisungs- und Filterungsanlage als hochmodern und zukunftsweisend, doch die schnell anwachsende Bevölkerung und der damit steigende Wasserverbrauch führte bald zum Erreichen der Kapazitätsgrenze. Bereits 1913 war im Laufe eines einzigen Vormittags das gespeicherte Wasser verbraucht. Im Sommer 1985 wurde der Turm endgültig stillgelegt, die gesamte Wassertechnik verschrottet. Nur der ehemalige Wasserspeicher blieb erhalten und steht heute mit dem Turm unter Denkmalschutz. Bis 1998 blieb das Bauwerk ungenutzt, wurde dann vom neu gegründeten Trägerverein Wasserturm e.V. erworben und bis zum Jahre 2000 durch Langzeitarbeitslose saniert. Seit dem 16. Juni 2000 kommt man nun mit einem Fahrstuhl auf die **Aussichtsterrasse** oder sportlich auf den Treppen im Turminneren. Es gibt sogar einen Tagungsraum für bis zu 40 Personen, der auch für Feste aller Art zur Verfügung steht. Freitags kann man sich hier standesamtlich trauen lassen. Musikalische Sonderveranstaltungen und Ausstellungen von Wissenschaft bis Kunst runden das Programm ab. Schülerführungen mit Erläuterungen zur Entwicklung der Wasserversorgung und dem historischen Stadtbild erfolgen im Rahmen eines gemeinsamen Projektes mit der Hauptschule Stadtmitte. Angebaut an den Turm sind die **Nordlandhalle**, die z.B. für Sportveranstaltungen genutzt wird, und ein Parkhaus.

➢ Blick von der Ilmenaubrücke Richtung Wasserturm

♦ Wasserturm, Trägerverein Wasserturm Lüneburg e.V., Bei der Ratsmühle 19 (21335), Tel. 7895919, Fax 7895929,

> An der St. Johanniskirche

www.wasserturm.de, Apr–Okt tgl. 10–18 Uhr, Nov–Mrz Di–So 10–18 Uhr, Schülerführungen Mi 15 Uhr u. So 11 Uhr, für Gruppen nach Vereinbarung

Von hier geht man zurück zur Straße »Bei der Johanniskirche«, gelangt dort rechts zur Ilmenaubrücke, die mit ihren alten Laternen nicht nur Nostalgie verbreitet, sondern auf der einen Seite ein guter Aussichtspunkt für die St. Johanniskirche ist, auf der anderen Seite bietet sie einen schönen Blick auf die **Alte Ratsmühle** mit dem Turm der Ratswasserkunst sowie dem Wasserturm von 1907. Ein Fußweg führt entlang der Ilmenau zur Alten Ratsmühle. Bereits im 15. Jh. gab es hier eine Kornmühle, eine Papier- und Ölmühle sowie später auch eine Schleifmühle. Ursprünglich im herzoglichen Besitz, kam die Alte Ratsmühle in den Besitz des Rates der Stadt Lüneburg und war zuletzt in Privathand. Als Kornmühle war sie bis 1928 in Betrieb. Die heute hier stehenden sechs Gebäude und der Ratswasserturm, auch Ratswasserkunst genannt, stammen aus ganz unterschiedlichen Epochen. Das erste, links auf der Halbinsel gelegene Gebäude, die Alte Kreuzmühle, ist ein hochgiebeliges Fachwerkhaus von 1597. Daran schließen das Turbinenhaus von 1952 an, die Dragonermühle, nach hinten versetzt das Heizergebäude mit Schornstein und das Mühlengebäude, das 1861 vom damaligen Besitzer Christoph Findorff erbaut wurde. Ganz abseits steht am Ilmenauufer südlich vom Ratswasserturm noch das ehemalige Wohnhaus des Müllermeisters aus dem Jahre 1562. Der **Ratswasserturm** war vermutlich ursprünglich ein Turm der Stadtbefestigung, der 1568–72 zum Wasserturm umgebaut wurde, um die Stadt mit Trinkwasser zu versorgen. Die Wasserräder der Ratsmühle trieben ein Schöpfwerk an und so wurde Wasser in den Turmbehälter gepumpt. 1874 erhöhte man den Turm beträchtlich und das ursprüng-

> Das Museum für das Fürstentum Lüneburg

liche Spitzdach wurde entfernt. 1895 wurden die sechs Wasserräder durch Turbinen ersetzt. Der Ratswasserturm verlor seine Bedeutung nach dem Bau des »Großen Wasserturms« im Jahre 1907, stand über viele Jahre leer und war nicht zugänglich. Der denkmalgeschützte Turm erhielt 1971 seine alte Fachwerkhaube zurück und wurde zur Ferienwohnung umgebaut, die man heute anmieten kann.

Folgt man der Ilmenau nun noch ein Stück südwärts, erreicht man eine Brücke, über die man links in die Wandrahmstraße gelangt, in der das **Museum für das Fürstentum Lüneburg** liegt. Es wurde bereits 1891 gegründet, im Zweiten Weltkrieg zum Teil zerstört und erhielt 1970 einen neuen Anbau. Mit seinem Namen erinnert es an das von 1252 bis 1705 bestehende Fürstentum, versteht sich aber als Regionalmuseum. Mit einem Besuch des Museums erschließt sich die Geschichte Lüneburgs und seiner Umgebung. Die Hauptabteilungen umfassen die Bereiche Ur- und Frühgeschichte, Stadt- und

Landesgeschichte sowie sakrale Kunst. Ein Schwerpunkt der Ausstellungsstücke liegt in der Zeit von Gotik und Renaissance, der Blütezeit Lüneburgs. Ein Museum im Museum stellt das Raritätenkabinett aus der Zeit um 1790 dar, in dem alte Möbel- und eine Lehrmittelsammlung der früheren Ritterakademie ausgestellt sind. Zu den Höhepunkten des Museums zählt eine besonders sehenswerte Nachbildung der Ebstorfer Weltkarte. Ständige Wechselausstellungen, vornehmlich im Bereich der darstellenden Kunst, Vorträge sowie Angebote für Kinder und Schüler runden das Angebot ab.

▶ Museum für das Fürstentum Lüneburg, Wandrahmstraße 10 (21335), Tel. 43891, Fax 405497, www.museum-lueneburg.de, Di– Fr 10–16 Uhr, Sa u. So 11–17 Uhr, Führungen Do u. Sa 11–13 Uhr, für Gruppen nach Absprache

Vom Museum geht man zurück zur Ilmenaubrücke am Ende der Wandrahmstraße, wo nach deren Überquerung an Schönwettertagen nach links ein Abstecher bis zum nahen **Schröder's Garten** empfehlenswert ist, eine Kneipe, in der man auch Boote leihen kann. Rechts kommt man zurück zum Platz »Am Sande«, den man auf der Nordseite durch die Glockenpassage verlässt. In der Glockenstraße liegt das **Glockenhaus**, ein 40 m langer und 13 m breiter Bau von 1482, wo früher Glocken, in Kriegszeiten aber auch Kanonen gegossen wurden. Zeitweise diente es als städtisches Zeughaus, und die vier Dachböden wurden früher als Kornspeicher genutzt. Sehenswert ist das auf der Nordseite der Glockenstraße gelegene Portal mit seiner Rundbogenumrahmung. 1974 wurde das Glockenhaus umfassend saniert, es dient heute als Veranstaltungs- und Tagungsort. An der Nordseite liegt der Glockenhof mit der **Luna-Säule** des Bildhauers Erich Brüggemann aus dem Jahr 1977 – in Erinnerung an die Sage vom Stadtnamen. Den heimeligen Glockenhof, in dem auch ein Café liegt, verlässt man nordwärts in einem Rechtsbogen und trifft dann auf die Straße »Am Berge«, der man nach links folgt. Auf ihrer rechten Seite liegt dann das älteste datierbare Bürgerhaus Lüneburgs, heute als **Brömse-Haus** bekannt. Es wurde 1406-09 vom Sülfmeister Dietrich von Brömse erbaut. Im Haus selbst befindet sich eine im alten Stil restaurierte Diele mit bemalter Balkendecke, in der zuweilen Konzerte mit baltischen Künstlern stattfinden. In einem Raum kann man eine Stuckdecke von 1637 mit biblischen Szenen betrachten. Das Haus ist Sitz der **Carl-Schirren-Gesellschaft** sowie der gleichnamigen Stiftung, die das deutschbaltische Kulturerbe pflegt und erhält. Man findet hier auch das Deutsche Archiv für Kulturgut des Nordostens mit Bildern, Dokumenten, Fotos, Grafiken, Landkarten, Urkunden, aber auch Möbel, Porzellan, Silber usw. sowie die baltische Zentralbibliothek mit 15.000 Bänden. Veranstaltet werden Konzerte, Ausstellungen, Vorträge und Tagungen. Die Errichtung eines **Deutsch-Baltischen Museums** als Anbau an das Ostpreußische Landesmuseum ist vorgesehen, in dem die Geschichte der Deutschbalten dargestellt werden soll.

▸ Carl-Schirren-Gesellschaft e.V. im Brömse-Haus, Am Berge 35 (21335), Tel. 36788, Fax 33453, Mo–Fr 9–11 Uhr, www.carl-schirren-gesellschaft.de

Vom Brömse-Haus folgt man der Straße »Am Berge«, bis links die Rosenstraße Richtung Marktplatz abzweigt, rechts dagegen die Straße »Bei der Abtspferdetränke« Richtung Ilmenau führt.

An der Ilmenau beginnt das so genannte **Wasserviertel**, das Gebiet rund um den alten Hafen. Vorbei an der Abtsmühle, die 1148 durch eine Schenkung Heinrichs des Löwen an das Michaeliskloster gekommen sein soll. Das ehemalige **Mühlengebäude** wurde 1880 durch einen Neubau ersetzt und blieb

➤ Informationstafel am Glockenhaus

➤ Folgende Doppelseite: Der alte Kran, das Wahrzeichen Lüneburgs, mit dem Alten Kaufhaus (links)

87

bis 1992 als Kornmühle in Betrieb. Wichtiger war jedoch der Turm der **Abtswasserkunst**, der 1530 ursprünglich als Wasserspeicher für 36 Brauhäuser erbaut wurde und Teile der Stadt mit Wasser aus der Ilmenau versorgte. 1632 wurde der Turm erneuert und bis 1837 das Wasser mit Mühlrädern in den Turmbehälter gepumpt. 1903/ 04 wurde der tunnelartige Durchgang durch den Turm gebaut, so dass er heute wie ein Stadttor aussieht. Noch bis 1950 belieferte der Abtswasserturm größere Industriebetriebe mit Wasser. Pump- und Mühlenwerk existieren ebenfalls nicht mehr und wurden durch den modernen Konferenz- und Tagungspavillon ersetzt.

Die **Ilmenau** überquert man auf der Rauschebrücke und hat hier einen schönen Blick auf die gegenüberliegenden, sorgfältig restaurierten ehemaligen Salzspeicher und Bürgerhäuser am Stintmarkt. Vor der **Lüner Mühle** lädt links eine kleine Terrasse mit einer Figurengruppe zum Verweilen ein. Das Gebäude der ehemaligen

➤ Figurengruppe an der Lüner Mühle mit dem Stintmarkt im Hintergrund

Lüner Mühle ist ein hervorragend restaurierter Fachwerk-Backsteinbau von 1579. Hier wurde das Korn für das Amt und Kloster Lüne gemahlen. Der Mühlenbetrieb war allerdings nicht einträglich, denn durch die Lage an der Ilmenau war die Mühle häufig Überschwemmungen ausgesetzt und vierzehn Mal wechselten die Besitzer bis 1850.

Hinter der Lüner Mühle steht direkt an der Ilmenau der **Alte Kran**, eines der Wahrzeichen Lüneburgs und einer der wenigen noch aus dem Mittelalter erhaltenen Drehkräne. Sein Vorgänger wurde schon 1342 erwähnt, während der Kran in seiner jetzigen Gestalt aus dem 18. Jh. stammt. Bewegt wurde er mit großen Treträdern, die von sechs Häftlingen bedient wurden. Einer seiner letzten Einsätze war im Jahre 1840 das Umladen der ersten Lokomotive für die Braunschweig–Vienenburg-Bahn, die von England auf dem Wasserweg nach Lüneburg kam. Im Rahmen der organisierten Stadtführungen kann auch das Innere des Turms besichtigt werden. Gegenüber des Alten Krans steht auf der Nordseite der Lüner Straße das **Alte Kaufhaus**, das ursprünglich als städtischer Heringsspeicher errichtet wurde, denn Hering war neben dem Salz lange das wichtigste Handelsgut der Stadt. Die heutige zwiebelturmgekrönte Fassade im italienischen Barockstil ist der Rest des 1741-48 erbauten Kaufhauses, in dem später neben Hering auch noch andere Lebensmittel gelagert und zum Kauf angeboten wurden. 1958 zog hier das Ostpreußische Jagdmuseum ein. Bei einer Brandstiftung 1959 verlor das Museum jedoch den größten Teil seiner Sammlung, und der Rest befindet sich heute im Ostpreußischen Landesmuseum. Hin-

➤ Das alte Kaufhaus mit seiner Barockfassade

ter der **Barockfassade** befand sich bis Oktober 2007 die Feuerwache Lüneburg.

Orientiert man sich nach links über die **Ilmenaubrücke**, hat man einen schönen Nahblick auf den **Stintmarkt**, der von prächtigen Giebelhäusern gesäumt wird. Hier ist heute einer der beliebtesten Treffpunkte der Stadt, wo man nicht nur an lauen Sommerabenden draußen an der Ilmenau sitzen kann.

Folgt man vom Stintmarkt der Lüner Straße, kommt man schon bald zur **St. Nicolaikirche**, die jüngste und kleinste der drei gotischen Kirchen Lüneburgs. 1401–40 erbaut, war sie einst das Gotteshaus der Schiffer, die hauptsächlich in diesem Viertel wohnten. Hiervon zeugt noch heute der Schifferkranz an der Kirchturmspitze. Der erste Kirchturm wurde von 1460–1587 erbaut, musste aber bereits 1831 wegen Baufälligkeit ab-

➤ Blick auf den Stintmarkt

gerissen werden. Er wurde 1895 durch den heutigen neugotischen, 98 m hohen Turm ersetzt. Die dreischiffige **Backsteinbasilika** steht auf engstem Raum, was zum Ausweichen in die Höhe zwang. Das Mittelschiff ist 29 m hoch, wird von vier 15 m hohen Seitenschiffen umgeben sowie einem Chorumgang mit drei Kapellen. Einmalig sind insbesondere das schöne Sterngewölbe über dem Mittelschiff und der Passionsaltar von 1440, der in geschlossenem Zustand Szenen aus der Passionsgeschichte Christi zeigt, in seinem Inneren dagegen Tafelbilder mit Heiligenlegenden verbirgt. Er befand sich ursprünglich in der 1861 abgebrochenen St. Lambertikirche, ebenso wie die schmiedeeisernen Taufschranken von 1625. Das Kruzifix vor dem Altar gehörte ursprünglich zum Heiligenthaler Altar, der zunächst in der Kirche des 1530 aufgelösten Klosters stand und dann bis 1869 Hauptaltar in dieser Kirche war. Erwähnenswert sind weiterhin die gotischen Wandbilder mit den ältesten

Stadtansichten Lüneburgs. Auch hier finden Konzerte im Rahmen der Reihe »Kirchenmusik in den Lüneburger Stadtkirchen« statt.

▶ St. Nicolaikirche, Lüner Straße (21335), Tel. 2430770, Fax 2430776, 9–17 Uhr, Turmbesteigungen nach Vereinbarung unter Tel. 774344, Fax 774345, www.turmfuehrungen.de

Links gegenüber der Kirche liegt die **Galerie Meyer**, in die Kunstinteressierte einen Abstecher machen können.

▶ Galerie Meyer, Lüner Str. 2 (21335), Tel. 31854, Fax 31897, Di–Fr 11–13 u. 15–18 Uhr, Sa 10–14 Uhr

Am Ende der Lüner Straße biegt man links in die Bardowicker Straße ab und erreicht in Kürze wieder den Marktplatz, wo dieser Stadtteilrundgang endet.

➤ Blick auf die St. Nicolaikirche

3 Sehenswürdigkeiten außerhalb des Stadtzentrums

Kloster Lüne

Etwa 2 km nordöstlich des Stadtzentrums und mit den Stadtbuslinien 5007 und 5015 erreichbar, liegt das äußerst sehenswerte **Kloster Lüne** mit einem Teppichmuseum. Gegründet 1172, wurde es nach zwei vernichtenden Bränden 1372 neu aufgebaut und in der Folgezeit zu einer mittelalterlichen Klosteranlage inmitten alter Buchen und Eichen erweitert. Seit 1711 ist es ein Damenstift, das unter der Leitung einer Äbtissin steht.

Die Klosterkirche ist ein einschiffiger Bau mit mehreren Kreuzgewölben. Aus dem Kircheninneren sind der reich geschnitzte Hochaltar von 1524, die Kanzel im Renaissancestil von 1608 sowie die frühbarocke Orgel von 1645 erwähnenswert. Die Klosterführung startet in der Brunnenhalle mit dem Handsteinbrunnen. Man besichtigt neben der **Kirche** das **Refektorium** (Speisesaal) mit freigelegten Wandmalereien, in dem ein 9 m langer und nur 60 cm breiter Esstisch der Nonnen steht. Sehenswert ist auch der **Sommer-Remter** (Sommer-Speisesaal, der jetzt für kulturelle Veranstaltungen zur Verfügung steht) und der **Kapitelsaal** mit den Porträts der Äbtissinnen. Zu sehen bekommt man auch den so genannten **Sarggang**, der seinen Namen der Bauform verdankt und früher als Schlafstätte diente, sowie den **vierflügeligen Kreuzgang** mit Taustabsteingewölbe und farbigen Fenstern, der einen kleinen Innenfriedhof umschließt. Der kostbarste Besitz befindet sich jedoch im 1995 eröffneten **Teppichmuseum**, nämlich Weißstickereien (Altar- und Fastentücher) aus dem 13. und 14. Jh., ferner farbige Bildteppiche und Banklaken aus der Zeit um 1500. Um den **Klosterhof** gruppieren sich auf der Westseite das frühere Kornhaus, auf der Südseite ein Gästehaus und auf der Nordseite das mittelalterliche Siechenhaus. Erwähnenswert ist auch der am Rande des Klosters gelegene **Klosterkrug**, ein reich gegliederter Fachwerkbau von 1570.

▶ Kloster Lüne mit Teppichmuseum, Am Domänenhof (21337), Tel. 52318, Fax 56052, www.kloster-luene.de Öffnungszeiten Museum: Apr–Mitte Okt Di–Sa 10.30–12.30 Uhr u. 14.30–17 Uhr, So 11.30–13 Uhr u. 14.30–17 Uhr, Klosterführungen Di–So 14.30 und 15.30 Uhr, für Gruppen nach Absprache

➤ Im Kloster Lüne, links der Klosterhof

95

Halle für Kunst

Wenn man die Innenstadt vom Marktplatz in nördlicher Richtung auf der Bardowicker Straße verlässt, kommt man am Stadtring zum Reichenbachplatz mit dem **Denkmal** für den früheren Senator und 1906 zum Ehrenbürger ernannten Johannes Reichenbach. Rechts in der Reichbachstraße liegt die **Halle für Kunst**, die Künstlern ein Forum für die Präsentation ihrer Werke und Ideen bietet. Neben wechselnden Ausstellungen werden Künstlervideos gezeigt, Vorträge, Workshops etc. angeboten.

▶ Halle für Kunst e.V., Reichenbachstr. 2 (21335), Tel. 402001, Fax 721344, www.halle-fuer-kunst.de, Di–So 14–18 Uhr

➤ Das Brunnen-Denkmal auf dem Reichenbachplatz

Kurpark und weitere Grünanlagen

1906 noch ein Wiesengelände, legte man zwischen Uelzener und Soltauer Straße in der Nachfolgezeit einen 23 ha großen lang gestreckten **Kurpark** an, der von den Landschaftsarchitekten Gebrüder Siessmeyer gestaltet wurde. Zeitweise gab es eine eigene Kurkapelle, die in dem kleinen Musikpavillon aufspielte. Nach dem Zweiten Weltkrieg wurde der Park anfangs von den britischen Truppen gesperrt und das Kurhaus zum Offiziersclub umfunktioniert. In den Hungerjahren 1946–48 erhielten Lüneburger Familien hier kleine Gemüseanbauflächen. Heute wechseln gepflegte Beete, großzügige Rasenflächen und Baumbestände, darunter Linden, Buchen und amerikanische Eichen, ab. Die Tennisanlage geht auf 1913 zurück, außerdem findet man hier eine **Minigolfanlage** und **Spielplatz**. Im Sommer werden noch immer Konzerte und manchmal auch Freilichtkino veranstaltet. Im Südosten schließen jenseits der Uelzener Straße an den Kurpark die so genannte Bockelsberger Anlage und die Ilmenau-Auwiesen an, die bis zum beliebten Ausflugsgasthof Rote Schleuse am südlichen Stadtrand reichen.

Auf der Ostseite der Ilmenau erstreckt sich dagegen der Forst **Tiergarten**, das als herzogliches Jagdgebiet 1272 erstmals erwähnt wurde und heute ein beliebtes weitläufiges Naherholungsgebiet ist. Wildtiere waren hier nie heimisch, vielmehr nutzte man Wiesenflächen als Weidegebiet für Haustiere, denn ursprünglich war nur ein Drittel der heutigen Fläche mit Wald bedeckt.

Auch die Innenstadt Lüneburgs wird von etlichen **Grünflächen** umgeben.

➢ Der Kreidebergsee ist ein beliebtes Naherholungsgebiet

Im Süden ist es der 1874 angelegte **Clamartpark** an der Haagestraße, der nach der französischen Partnerstadt benannt wurde. Hier verlief ursprünglich der Rote Wall als Teil der Stadtbefestigung, der aber um 1865 abgetragen wurde. Im Westen der Innenstadt liegt der Kalkberg mit seinem Naturschutzgebiet, der im Rahmen des westlichen Stadtrundganges bereits näher beschrieben wurde. Im Norden der Altstadt findet man noch den **Liebesgrund** zwischen der Bastionsstraße im Westen und der Bardowicker Straße im Osten. Auch er liegt im Bereich des alten Stadtwalls und diente ursprünglich als breiter Stadtgraben. 1910/11 baute man den Wallgrund in Form eines lang gestreckten Wiesentales aus. Heute liegt hier in Zentrumsnähe ein gern genutzter Kinderspielplatz und an seiner Südwestecke ein Denkmal an **Johanna Stegen** von 1913. Sehr beliebt ist auch der noch nördlicher gelegene Kreidebergsee, den man über die Straße Am **Kreideberg** erreicht. Ursprünglich gab es hier einen **Kalkbruch** mit Brennerei. Nach 1975 wandelte man das einstige Industriegelände in ein Naherholungsgebiet um. Das idyllische Gelände ist 14,5 ha groß, und der bis zu 30m tiefe **Kreidebergsee** wegen seiner **seltenen Salzflora** auch ökologisch interessant.

Einen Besuch wert ist auch der **Garten des Klosters Lüne**, der allerdings erst zum Teil der Öffentlichkeit zugänglich ist, nämlich der interessante Kräutergarten und die Streuobstwiese. Die Klostergärten waren früher in Parzellen unterteilt, und die Klosterangehörigen bauten hier Gemüse an, um sich selbst ernähren zu können. Nordöstlich vom Kloster schließt noch das Lüner Holz an, das bis nach Adendorf reicht. Ein unter Radfahrern wie Fußgängern gleichermaßen beliebtes Revier ist die **Alte Landwehr**, die als frühere Außenbefestigung Lüneburgs im Westen und Norden die Stadt abriegelte. Sie hatte ihren Ausgangspunkt im Süden am Hasenburger Bach, führte über Reppenstedt und Vögelsen Richtung Bardowick und dann ostwärts zur Goseburg an der Ilmenau. Sie bestand aus vier Wäl-

97

len und fünf Gräben und wurde durch kleine Burgen und Türme geschützt, darunter die noch erhaltene Goseburg am **Ilmenauweg** von Lüneburg nach Bardowick. Noch bis ins 19. Jh. gab es 19 Schlagbäume als Durchgangssperre. Heute sind etwa 6 km des baumbestandenen Landwehrgrabens gut erhalten und für Radfahrer und Fußgänger erschlossen.

Einen 2000 m² großen gewachsenen **Bauerngarten Multiflora** gibt es im Westen von Lüneburg zu besichtigen. Dazu gehören Rondell, Blumen-, Gemüse- und Kräuterbeete sowie Sträucher, insgesamt 300 Pflanzenarten, die mit Kompost und Naturdünger gepflegt werden.

▶ Bauerngarten Multiflora, Am Wienenbütteler Weg (Stadtausgang Richtung Vögelsen, Stadtbuslinie 5009), Besichtigung täglich nach Absprache mit Marion Schmidtke, Am Petersberg 17a, 21407 Deutsch Evern, Tel. 04131-22 03 45, www.gaerten-europas.de.

Lüneburgs grüne Lungen sind damit längst nicht vollständig. Namentlich erwähnt seien hier noch der Neue Forst beim Stadtteil Ebensberg und der Staatsforst Busschewald östlich vom Elbeseitenkanal und im Norden der Stadt.

Adendorf

Im mit Lüneburg zusammengewachsenen Adendorf, das rund 10.000 Einwohner zählt und sich durch das **Sportzentrum** am Scharnebecker Weg einen Namen gemacht hat (u.a. mit dem **Alcino Kindertobeland** (siehe A–Z), liegt etwa 5 km nordöstlich des Lüneburger Stadtzentrums die **Johanneskapelle**. Sie wurde 1258 erbaut und ist damit das älteste kirchliche Gebäude im Landkreis Lüneburg. Ein hölzerner Dachreiter mit Glocke von 1632 krönt den rechteckigen spätgotischen Backsteinbau. Das Innere der Kapelle beherrscht ein Flügelaltar mit Tafelbild von 1520. Einmalig ist der gotische Taufständer, ursprünglich bemalt, aus der Zeit um 1400.

▶ Johanneskapelle Adendorf, Dorfstraße, Auskünfte beim Pfarramt, Bültenweg 18, Tel. 1817, geöffnet Jul/Aug Sa 16–18 Uhr oder nach Vereinbarung

Bardowick

Im Nordwesten schließt das über 6.000 Einwohner zählende **Bardowick** an, das bis zu seiner Zerstörung durch Heinrich den Löwen am 28. Oktober 1189 viel bedeutender war als Lüneburg. Heute ist es weithin bekannt durch

➤ Beeindruckendes Zeugnis einer einst blühenden Handelsmetropole: der Dom in Bardowick

➣ Der Altar im Bardowicker Dom

seinen Dom und Norddeutschlands größtes Erntedankfest (Mitte Sep).

Vom zentralen Platz »Am Markt« erreicht man durch die »Domstraße« in wenigen Minuten die Hauptsehenswürdigkeit von Bardowick, den Bardowicker **Dom St. Peter und Paul**. Die beiden 41 m hohen Türme des gotischen Backsteindoms überragen alle übrigen Gebäude des Ortes. Der Name »Dom« lässt einen Bischofssitz vermuten – tatsächlich war auch die Errichtung eines Bistums geplant, doch der zuständige Bischof zog nie hierher. Seinen Ursprung hat der Kirchenbau in einer einfachen Holzkirche, die zur Zeit Karls des Großen im 8. Jh. erbaut wurde. Um 1000 wurde sie durch eine Feldsteinkirche ersetzt. Etwa 100 Jahre später erfolgte der Bau einer romanischen Basilika, von der heute nur noch die westliche Vorhalle und das dahinter liegende Paradies vorhanden sind. Die jetzige gotische Hallenkirche wurde zwischen 1380 und 1485 erbaut. 1792 wurde noch eine spätgotische Sakristei angefügt.

Man vermutet, dass die beiden gedrungenen Türme ursprünglich frei stehend waren und dass das Portal später als Verbindung dazwischen gebaut worden ist. Der Dom hat sechs Glocken, die älteste stammt aus der Zeit um 1130. Über dem Südportal, dem früheren Haupteingang, befindet sich ein vergoldeter Löwe mit der Inschrift »leonis vestigium« (Die Spur des Löwen) und erinnert an die Zerstörung der ehemaligen Stadt durch Heinrich den Löwen.

Nach der Vorhalle durchschreitet man ein romanisches Portal und kommt in das so genannte »**Paradies**«, das für Taufen vorgesehen war. Von hier hat man einen eindrucksvollen Blick in das Langschiff und zum Chor des Doms. Im Mittelgang fällt ein Messingkronleuchter von 1664 auf. Im Chorraum befindet sich ein spätgotisches Chorgestühl aus Eiche von 1486/87. Die meisterhaften, vollständig erhaltenen Schnitzereien zeigen Propheten-, Apostel- und Heiligenbilder. Dort findet man auch das älteste Kunstwerk der Kirche – ein von vier Bronzefiguren getragenes Taufbecken von 1363. Mittelpunkt des Chorraums ist der **Hochaltar** von

> Ansicht des Nikolaihofes

1430. Über ihm befinden sich Wappenglasscheiben von 1673 und 1694. Den Abschluss bildet in der Mitte ein **Glasfenster** von 1852 mit den Namensgebern des Doms Peter und Paul. Weiter erwähnenswert sind die verschiedenen Grabplatten und die neugotische Kanzel aus dem 19. Jh.

◗ Gottesdienst jeweils am So 10 Uhr, ferner Abendmusikveranstaltungen und Konzerte gemäß örtlicher Bekanntmachung, Öffnungszeiten 9–16 Uhr, im Sommer bis 17 Uhr außerhalb des Gottesdienstes und anderer Veranstaltungen, Führungen nach Anmeldung beim Küster, Tel. 12649

Vom Dom erreicht man nordwärts durch die Straße Beim Dom die Mühlenstraße, der man linkerhand zur **Bardowicker Windmühle** (De Moehl von Bewick) folgt. Pläne zum Bau einer Windmühle gab es schon 1786. Sie scheiterten jedoch am Widerstand der Stadt Lüneburg, die bereits eine Mühle betrieb. Erst 1813, während der kurzen Franzosenzeit, konnte Johann Friedrich Meyer mit Hilfe des franzö-

Die Sage vom Bardowicker Bullen

Bardowick war einst reich und mächtig. Als ihr damaliger Herr, Herzog Heinrich der Löwe, augenscheinlich Lübeck bevorzugte, lehnte sich die Bardowicker Bevölkerung gegen ihn auf. Der Herzog war jedoch wirklich ein Löwe, der keinen Spaß verstand und mit einem Heer anrückte, um die Stadt zu stürmen. Die Bardowicker hatten jedoch das Ilmenauufer verbarrikadiert. Zwar war das Wasser seicht und eine Furt vorhanden, aber niemand aus dem Heer Heinrichs des Löwen kannte diese. Nachdem der Welfenherzog zwei Tage gewartet hatte, verirrte sich ein Bulle in das Lager des Herzogs. Da hatte jemand den Einfall, einfach dem Bullen zu folgen, der die Furt kennen musste. Tatsächlich trabte dieser seiner Heimat zu, und das gesamte Heer folgte dem Bullen durch die Furt. So eroberte Heinrich der Löwe Bardowick, brannte alles nieder und verwandelte die Stadt in einen Trümmerhaufen – nur der Dom bezeugt bis heute ihren einstigen Glanz.

sischen Gewerberechts am Westrand Bardowicks eine holländische **Galerie-Windmühle** errichten. Durch einen Brand am 19. August 1945 war sie kurzzeitig außer Betrieb. 1952 demontierte man Flügelkreuz, Windrose und Drehklappe, gleichzeitig erhielt die Mühle ein Spitzdach und die Mahlvorgänge wurden auf Stromantrieb umgestellt – damit war sie eine flügellose Motormühle. 1990/91 entwickelte der damalige Besitzer ein Konzept zur Wiederherstellung der Windmühle, wobei der Wind zur Stromerzeugung genutzt werden sollte. Die Arbeiten dazu erfolgten 1994 in nur 99 Tagen und so konnte die Mühle im November im historischen Erscheinungsbild wieder eingeweiht werden. Vor Ort werden Naturkostprodukte verkauft.

▸ Mühlenstraße 36/38, 21357 Bardowick, Führungen nur nach Vereinbarung, Tel. 12206, Fax 120614, www.meyers-windmuehle.de

▸ Am Pfingstmontag findet hier das traditionelle Mühlenfest statt. Weitere Veranstaltungen organisiert der Windmühlenverein, Tel. 121669, Fax 921065

Wer für Besichtigungen noch etwas mehr Zeit hat, findet in Bardowick weitere Sehenswürdigkeiten. Dazu gehört das **Feuerwehrmuseum** im ehemaligen Gerätehaus mit diversen alten Ausrüstungsgegenständen.

▸ Feuerwehrmuseum, Hinter der Worth 5b, Besichtigung nach Absprache unter Tel. 12 84 59

Aber auch der **Viti-Turm** als Überbleibsel einer alten Kirche am Südende der Straße Im Sande, an der **Ilmenau** die **Klappbrücke** von 1965 sowie die **Ilmenauschleuse**,

die 1933/34 erbaut wurde, sind eine Besichtigung wert. Im südlichen Ortsteil schließlich der **Nikolaihof**, eine mittelalterliche Wohnanlage, einst Aufenthaltsort für Leprakranke, mit alten Wohnhäusern, Scheunen und einer kleinen einschiffigen Backsteingotik-Kirche von 1435. Im Zentrum findet man schließlich das **Gildehaus**, ein niederdeutsches Zweiständer-Hallenhaus von 1651, das von 1939–69 als Rathaus genutzt wurde. Heute ist in einer der beiden Hälften ein Heimatmuseum untergebracht.

▸ Gildehaus, St.-Johannis-Str. 3, Tel. 1201-0, während der Öffnungszeit 128319, geöffnet Sa/So 15–17 Uhr oder nach Vereinbarung

➤ Bardowicker Impressionen, links die Mühle in Bardowick

103

Ausflüge

Scharnebeck

Die 1974 entstandene Samtgemeinde **Scharnebeck** liegt zwischen Lüneburg und der Elbe im Marschland und ist von der Einwohnerzahl her die zweitgrößte des Landkreises. Wahrzeichen des Ortes ist zweifelsohne das weithin bekannte Schiffshebewerk am Elbeseitenkanal. Ursprünglich fast ausschließlich landwirtschaftlich geprägt, hat sich Scharnebeck durch die Nähe zur Stadt Lüneburg zu einem beliebten Wohnort entwickelt. Die südlich am Ort vorbeiführende alte Bahnstrecke ist außerdem Haltepunkt für den »Heide-Express«, der zeitweise als Museumszug zwischen Lüneburg und Bleckede verkehrt.

Ortsbesichtigung

Ausgangspunkt ist der Marktplatz. Wenig ostwärts davon liegt der Fachwerk-Gebäudekomplex der **Domäne** (Mühlenstraße 3) idyllisch auf dem Gelände des ehemaligen Zisterzienserklosters. Dazu gehören das ehemalige Amtshaus von 1705 und der Küchen- und Wirtschaftstrakt. Dieser wurde 1510 erbaut und ist das älteste Gebäude in Scharnebeck. Die Funktion als Wirtschafts- und Speichergebäude blieb auch nach dem Klosterbetrieb erhalten und das Erdgeschoss wurde bis 1990 als Wohngebäude genutzt. Seit 1994 ist die Domäne ein Veranstaltungszentrum, hier ist die Kreisvolkshochschule untergebracht und die Räumlichkeiten stehen für Seminare, kulturelle Veranstaltungen wie Konzerte, Kunstausstellungen usw. sowie für Trauungen zur Verfügung.

◗ Domäne, Mühlenstr. 3, Tel. 907922

Die **St. Marienkirche** steht ebenfalls auf dem ehemaligen Klostergelände, etwas östlich der Domäne – sie ist aber nicht die ursprüngliche Klosterkirche. Diese war eine große dreischiffige Hallenkirche mit 14 (!) Altären, die 1367 eingeweiht wurde. 1527 führte man im damaligen Fürstentum die Reformation ein, 1529 nahmen Klosterabt und Konvent die ev.-luth. Konfession an, 1531 wurde das Kloster durch Übergabe an die Landesverwaltung

Aus der Geschichte	
19.1.1253	Gründung des Zisterzienserklosters, das als Keimzelle von Scharnebeck gilt
1367	Einweihung einer großen Klosterkirche
1510	Erbauung der Domäne, heute ältestes Gebäude
1531	Aufhebung des Klosters im Zuge der Reformation
1724	Einweihung der heutigen St. Marienkirche
1900	Scharnebeck zählt 715 Einw.
1904	Eröffnung der Schmalspurbahn Lüneburg – Bleckede mit Haltepunkt in Scharnebeck
1919	Umstellung des Bahnbetriebes auf Normalspur
1939	Scharnebeck zählt 896 Einw.
1946	Scharnebeck hat 1679 Einw.
1969	Baubeginn des Elbeseitenkanals
1975	Das Schiffshebwerk wird in Betrieb genommen
2003	750-Jahr-Feier

Schiffshebewerk Scharnebeck

Der **Elbeseitenkanal** wurde in rund achtjähriger Bauzeit erstellt und verbindet die Elbe (Artlenburg südwestlich von Lauenburg/Elbe) mit dem Mittellandkanal (bei Wolfsburg). Auf der 115 km langen und 53 m breiten Wasserstraße ist ein Höhenunterschied von 61 m zu überwinden. Davon werden 23 m durch eine Schleuse bei Uelzen überbrückt, die restlichen 38 m durch das **Schiffshebewerk** in Scharnebeck. Das erste Schiff passierte das Schiffshebewerk nach einer Teilfreigabe des Kanals bis zum Hafen von Lüneburg am 5. Dezember 1975. Seit dem 15. Juni 1976 ist der Kanal durchgehend befahrbar, und das Schiffshebewerk zieht jährlich mehr als 500.000 Besucher an. Die Baukosten des Kanals betrugen ca. 869 Mio. Euro, davon entfielen allein auf das Schiffshebewerk etwa 77,7 Mio.

Das **Senkrechtschiffshebewerk** liegt am westlichen Ortsrand von Scharnebeck, wurde 1974 erbaut und war bis 2004 das größte der Welt, wurde aber durch einen Neubau in Belgien zwischenzeitlich auf den zweiten Platz verwiesen. Die Fracht- und Sportschiffe werden auf ihrem Weg zwischen Elbmarsch und Geest in zwei riesigen Wassertrögen gehoben oder abgesenkt. Die Tröge werden durch vier Elektromotoren bewegt, die ihre Kraft mittels Zahnstangenantrieb übertragen. Als Gegengewichte zu den Trögen sind in den beiden Türmen an 54 Milimeter dicken Stahlseilen 224 Betonscheiben aufgehängt, jede mit einem Gewicht von 26,5 t. Nur zwei

Technische Daten

Hubhöhe: 38 m
Nutzbare Troglänge: 100 m
Trogbreite: 12 m
Wassertiefe im Trog: rund 3,40 m
Gesamtgewicht eines Troges mit Wasser: 5.800 t (ca. 6.000 Pkw's)
Gesamtgewicht der beweglichen Hebewerkteile: rund 11.800 t
Antrieb je Trog: 4 Elektromotoren je 160 kW
Trogfahrzeit: ca. 3 Min.
Dauer eines Hubes einschließlich Ein- und Ausfahrt: rund 20 Min.
Jahresleistung in Gütertonnen bei 16-stündigem Betrieb: 12 bis 14 Mio. t

Personen sind erforderlich, um den Betrieb zu ermöglichen.

- Ausstellungsgebäude des Hebewerks Tel. 9126- 2931, 15. Mrz–31. Okt tgl. 10–18 Uhr

- Sehr beliebt sind auch die Hebewerkbesichtigungsfahrten per Schiff durch die Reederei Helle (Apr–Sep), Tel. 403, Fax 7230, www.reederei-helle.de, (Dauer 45 Min. bis 1 ¼ Std. je nach Schiffsbetrieb)

> Mauerrest des früheren Klosters

endgültig aufgelöst. Die große **Klosterkirche** war nun eine normale Gemeindekirche, die durch bauliche Vernachlässigung verfiel, sodass man 1712 den größten Teil der alten Klosterkirche abriss.

Der heutige Backstein-Kirchenbau geht auf 1724 zurück. Von der ursprünglichen Klosterkirche sind noch die Umfassungsmauern des Chores und einige Bögen des Kreuzganges erhalten. Das heutige Kirchenschiff steht auf der Vierung des Vorgängerbaus, der etwa viermal so groß und 7 m höher als die heutige **St. Marienkirche** war. Von der Innenausstattung sind zu erwähnen der Kanzelaltar von 1724, eine Messingschale aus der Zeit um 1600, eine nicht vollständig erhaltene Marienstatue aus dem 14. Jh., der Orgelprospekt von 1754 sowie die Reste des 1960 rekonstruierten Chorgestühls (um 1370) mit sehr schönen Schnitzereien. Erwähnenswert ist auch die Aussicht vom Kirchturm auf einen Teil des ehemaligen Klostergeländes und über Scharnebeck.

▶ www.kirche-scharnebeck.de

Südwestlich vom Marktplatz liegt der **Lübbelau-Park**. Er ist seit 1975 in Gemeindebesitz, 4,4 Hektar groß und steht als Freizeitpark zur Verfügung. Neben einem wunderschönen Laubbaumbestand gibt es dort einen idyllisch gelegenen Teich mit Spielplatz und Grillstelle.

Bleckede

Bleckede verdankt seine Entstehung der besonderen Lage an der Elbe – hier stößt eine schmale Geestzunge, die einen trockenen Weg von und nach Lüneburg ermöglichte, direkt an den Fluss. Herzog Wilhelm, der Gründer der Stadt, wollte sie in Gedenken an seinen Vater **»Löwenstadt«** nennen, doch der Ort hieß von Anfang an Bleckede, was Bleichwiese bedeutet. Als Befestigung diente einst ein tiefer Graben, der in einem Halbkreis um Bleckede verlief und jeweils an den Elbdeich anschloss. Drei Tore – Richtung Garze, Lüneburg und zur Burg – erlaubten einen gesicherten Durchlass. Mit dem **Elbhafen** und der Ansiedlung von Handwerkern wie Kaufleuten erlangte Bleckede bald regionale Bedeutung. Aus dem Jahr 1838 ist dokumentiert, dass es allein sieben Gastwirte gab, von denen sechs wahrscheinlich auch als Bierbrauer tätig waren. Der **Wachturm** in Neu Bleckede und ein Gedenkstein auf dem Deich erinnern heute an die lange Zeit als Grenzstadt zum »Eisernen Vorhang«. Mit ihren romantischen Fachwerkhäusern aus dem 17. und 18. Jh., verschiedenen kulturellen Veranstaltungen im **Schloss** und der einzigartigen Naturlandschaft Elbtalaue ist sie heute ein beliebtes Ausflugs- und Reiseziel unweit von Lüneburg.

Sehenswürdigkeiten

Aufgrund der alten Stadtbefestigung ist die Innenstadt von Bleckede sehr klein und alle Sehenswürdigkeiten liegen nicht weit auseinander. Vom ZOB folgt man der Bahnhofstraße südostwärts bis zur Lüneburger Straße, an deren Ecke das Rathaus liegt. Dort geht man links bis zur nächsten Straßenkreuzung, hier befindet sich ein Denkmal des Bleckeder Komponisten **Friedrich Wilhelm Kücken** (siehe Kasten S. 118).

Von der genannten Kreuzung kann man zunächst geradeaus der Elbstraße folgen und so einen Abstecher zum Elbhafen machen. Auf der Elbstraße kommt man außerhalb der Stadt zu den Abfahrtsstellen der Ausflugsschiffe.

► Fahrgastschifffahrt Adolf Haak, Estorffs Weg 12, FGS »Bleckeder Löwe«, Tages-, Rund- und Charterfahrten, Apr–Okt mit Fahr-

➤ St. Jacobikirche

Aus der Geschichte

28.8.1209	Gründung durch Herzog Wilhelm, Sohn Heinr. des Löwen
1248	Errichtung einer Elbzollstelle
um 1270	Erwähnung einer Burg
1293	Verleihung des Münzrechtes
1310	Ernennung zur Stadt
um 1500	Erbauung des Rundturms, heutiger Rest der einstigen Burg
1600	Errichtung des Schlosses im Fachwerkstil
16.11.1810	Geburt von Friedrich Wilhelm Kücken in Bleckede, Komponist populärer Volkslieder
13. 5.1834	Letzte öffentliche Hinrichtung durch Scharfrichter Jacob Andreas Kücken, Vater des Komponisten
1858	Bleckede zählt 732 Einwohner
1878	Gründung der Bleckeder Zeitung
1885	Kreisstadt des neu geschaffenen Landkreises
1895	Eröffnung einer Schmalspurbahn nach Dahlenburg
1904	Einweihung der neuen Bahnstrecke Bleckede–Lüneburg
1905	Zu Weihnachten erhält Bleckede ein erstes eigenes Elektrizitätswerk
1932	Auflösung des Landkreises Bleckede
1945-1989	Die Elbe ist undurchdringliche Grenze zur DDR
1.3. 1974	Bildung der Einheitsgemeinde Stadt Bleckede durch Zusammenschluss mit 12 Umlandgemeinden
1993	Eingemeindung der rechtselbisch gelegenen Orte Neu Bleckede und Neu Wendischthun
1997	wird die »Niedersächsische Elbtalaue« von der UNESCO als Teil des Biosphärenreservates »Flusslandschaft Elbe« anerkannt
2002	Gesetz zum Schutz für das Biosphärenreservat »Niedersächsische Elbtalaue« und Eröffnung des Besucher- und Touristikzentrums im Schloss Bleckede
2009	800-Jahr-Feier

radmitnahme von Bleckede nach Radegast, Boizenburg und Lauenburg u.a., Tel. 05852/2110 u. 05852/1810, Fax 05852/2126, www.bleckederloewe.de, FGS »Brummel«, Tages- und Charterfahrten auf der Elbe ab Bleckede

Der nicht an dieser Straße liegende hintere Teil des Hafens wird vom hiesigen Bootsverein als **Yachthafen** genutzt und bietet auch zehn Liegeplätze für Gastschiffe einschließlich Ver- und Entsorgungsstation an.

▶ Yachthafen mit Vereinshaus der Bleckeder Bootsfreunde von 1927 e.V., Sitz des Hafenmeisters und zuständig für Gäste, Tel. 05852/265

Folgt man dagegen der Elbstraße bis zu ihrem Ende, kommt man zur **Fähre** Bleckede–Neu Bleckede.

▶ Fährbetrieb Wilhelm, Elbfähre »Amt Neuhaus« Bleckede–Neu-Bleckede für PKW, Radfahrer und Fußgänger, Mo–Sa 5.30–23 Uhr, So 9–20 Uhr, Tel. 2255

Von der zuvor erwähnten Straßenkreuzung zweigt links die Breite Straße ab, die mit dem **Marktplatz** das Zentrum von Bleckede bildet. An ihr liegen zahlreiche mittelalterliche **Fachwerk-Bürgerhäuser** aus dem 17. und 18. Jh. In den Häusern Breite Str. 47 und 51 befand sich in alter Zeit das Rathaus von Bleckede.

Am Ende der Breitenstraße liegt der Marktplatz mit Brunnen und am Beginn der Schlossstraße die **St. Jacobikirche**, die 1765/66 fertig gestellt wurde. Im Inneren findet man interessantes und wertvolles Inventar. Dazu zählen die spätgotische Kreuzigungsgruppe von 1490, die reich verzierte Renaissancekanzel, die Pietà, die barocke Orgel sowie der Taufstein von 1604. Beiderseits des Altars fallen wunderschöne farbige Kirchenfenster auf, die die Weihnachtsgeschichte und die Auferstehung darstellen. Ein anderes Kirchenfenster ist der jüngeren Geschichte gewidmet und zeigt die Grenzöffnung zur DDR 1989.

Folgt man der Schlossstraße, kommt man an weiteren alten Fachwerkhäusern vorbei und kann dann rechts in den **Schlosspark** mit sehenswertem, altem Baumbestand abzweigen. Im Park hält man sich links und kommt über eine Holzbrücke über den Wassergraben zum ElbSchloss Bleckede mit Burgturm.

Eine **Burg zu Bleckede** wurde erstmals um 1270 erwähnt – in einer Urkunde verpflichteten sich die Herzöge von Sachsen-Lauenburg gegenüber dem Herzog von Lüneburg, die Burg zu zerstören. Sie war eine von insgesamt 23 Burgen im Raum Lüneburg – sie lag strategisch günstig, denn sie wurde von einem Seitenarm der Elbe umflossen und war mit dem umliegenden Land nur über eine Zugbrücke verbunden. Letztere wurde 1718 durch einen schmalen Damm ersetzt. Der heutige **Rundturm** wurde um 1500 erbaut und um 1600 ausgebessert. Der etwa 3 m dicke Backsteinturm war früher wichtigster Teil der Burg und mit einer Falltür verschlossen, im unteren Turmteil befanden sich die Verliese für Gefangene. Erhalten sind noch die Ösen und Anker für Arm- und Beinfesseln. Mittels einer modernen Stahlkonstruktion wurde der Turm wieder auf seine ursprüngliche Höhe von 20 m aufgestockt – er kann im Rahmen eines Ausstellungsbesuches bestiegen werden und bietet einen **faszinierenden Blick** über Bleckede, Elbe und Elbtalaue.

Bei den Ausbesserungsarbeiten um 1600 ließ Herzog Ernst von Braunschweig außer dem Turm der verfallenen Burg nichts erneuern, sondern das heutige **Schloss** mit Nebengebäuden im Fachwerkstil errichten. Daran erinnert noch die Balkeninschrift am üppig verzierten Nordflügel. Gegenüber in der ehemaligen Wagenremise befindet sich seit 1979 eine Künstlerstätte, in der junge, innovative Künstler durch Stipendien gefördert werden. Das Schloss erhielt 1743 noch einen weiteren Flügel und damit das heutige Aussehen.

Im Laufe der Geschichte hatte es viele Besitzer, darunter Fritz von dem Ber-

➢ Ausflugsschiff im Elbhafen

Biosphärenreservat »Niedersächsische Elbtalaue«

14 **UNESCO-Biosphärenreservate**, besonders schützenswerte Naturräume, gibt es in Deutschland, darunter seit 1997 die »Flusslandschaft Elbe«. Ein 400 km langes Gebiet entlang der Mittleren Elbe, an dem fünf Bundesländer Anteil haben. Auf Niedersachsen entfallen 15 % der Fläche (569 km²) auf einer Länge von 95 Stromkilometern. Dieser Teilbereich ist seit 2002 per Landesgesetz als Biosphärenreservat **»Niedersächsische Elbtalaue«** unter besonderen

> Elbtalaulandschaft bei Bleckede

Schutz gestellt. Die Biosphärenverwaltung in Hitzacker nimmt die Funktion einer Naturschutzbehörde wahr, während das ElbSchloss in Bleckede als Informationszentrum fungiert.

Ein Biosphärenreservat muss bestimmte Bedingungen für ein Naturschutzgebiet erfüllen und überwiegend die eines Landschaftsschutzgebietes. So unterscheidet man drei Zonen:

Gebiet A (166 km²): Orte und deren Umgebung mit intensiv genutztem Acker- und Grünland,

Gebiet B (201 km²): Flächen, die die Voraussetzungen eines Landschaftsschutzgebietes erfüllen, überwiegend

➤ Im Biosphärenreservat »Niedersächsische Elbtalaue«

Lebensraum und Rückzugsgebiet für **bedrohte Tier- und Pflanzenarten**. Etwa hundert verschiedene Tiere leben im Bereich der Elbtalaue – darunter Biber, Fischotter, Weißstorch, Enten, Säger, Gänse und Schwäne. Insbesondere im Bereich der Grünflächen finden sich z.B. Kiebitz, Brachvogel, Bekassine und Seeadler. Die so genannten Qualmwasserbereiche, Vertiefungen, die sich zu Zeiten des Hochwassers mit trübem, unter den Deichen durchdringendem Wasser füllen, sind die Heimat von Laubfröschen, Kammmolchen, Wasserkrebsen, Fischen und Libellen. Auwaldcharakter hat das unwegsame Waldgebiet von Vitico bei Bleckede mit vielen Eichen, Ulmen und Eschen. Hier finden sich z.B. Graureiher, Rot- und Schwarzmilane sowie Schwarzstörche. Der gesamte Naturraum ist durch Wege für Radfahrer und Wanderer gut erschlossen.

gering genutztes Grünland, Acker und Wald,

Gebiet C (201 km²): Bereiche mit dem Charakter von Naturschutzgebieten, d.h. Elbe, deren Auen, Niederungen der Nebenflüsse, Wälder, Moore, Sümpfe und Kleingewässer.

Das **Elbvorland** in der Umgebung von Bleckede gehört fast gänzlich zum Gebiet C. Diese Elbtalaue ist ein einzigartiger Naturraum mit seltenen Tieren und Pflanzen sowie großer Artenvielfalt. An den Ufern der Elbe und ihrer Altarme dehnen sich Weidenauwald, Röhrichte und Hochstauden aus. Die Flächen vor den Deichen werden alljährlich im Frühjahr durch Hochwasser überflutet und sind dann ein wichtiger Rastplatz für durchziehende Wasservögel. Die zahlreichen Kleingewässer und Gehölze im **Elbhinterland** sowie die wenig landwirtschaftlich genutzten, meist feuchten Grünflächen sind ein idealer

➤ Informationen über das Biosphärenreservat gibt es im ElbSchloss Bleckede

116

> Blick auf das ElbSchloss mit der Touristinformation und einer sehenswerten Ausstellung

ge, der bedeutendste Hauptmann auf dem Schloss. Während seiner Amtszeit im 16./17. Jh. wurde die Elbe an ihrer gefährlichsten Stelle durch einen neuen Deich entschärft und das Flussbett verlegt. Das war nicht nur ein wichtiger Schritt für den Hochwasserschutz sondern auch der Grundstein für das heutige Natur- und Vogelschutzgebiet.

Im **ElbSchloss Bleckede** befindet sich die Tourist-Information, die eng mit dem Verkehrsverein Elbtalaue, Bleckede-Dahlenburg e.V. zusammenarbeitet. Die angeschlossene Ausstellung informiert über die einzigartige Natur der Flusslandschaft Elbe und das Biosphärenreservat. Im Flur des Erdgeschosses wird die Elbe von der Quelle bis zur Mündung vorgestellt, in einem weiteren Raum die Elbtalaue. Erleben kann man auch den Verlauf eines Vogeljahres – ein Film informiert über Störche, und per Kamera kann man live in ein Storchennest gucken. Ein anderer Raum bietet Einblick in die Geschichte des Schlosses und in der Scheune befindet sich ein 16.000 Liter fassendes El-

be-Aquarium, u.a. mit Aal, Brasse und Zander. In der Elbtalscheune ist auch eine Weidenwerkstatt untergebracht. Viele Möglichkeiten zum Mitmachen, insbesondere für Kinder und Jugendliche, bietet die Umweltwerkstatt.

Beliebt sind auch die alljährlich wiederkehrenden **Kulturveranstaltungen**, darunter das »Musikalische Festival im Schloss«, ferner Konzerte und Lesungen im Schlosssaal.

▶ ElbSchloss Bleckede, Schlossstr. 10, Tel. 05852/9514-0, Fax 05852/9514-99, www.elbschloss-bleckede.de, Apr–Okt Di–So 10–18 Uhr, Nov–Mrz Mi–So 10–17 Uhr

Die **Wasserqualität** der Elbe hat sich durch die Schutzmaßnahmen in den letzten Jahren kontinuierlich verbessert. Damit steigt auch die Qualität und Artenzahl der Fische in der Elbe – Fischfang und Elbfischspezialitäten finden immer mehr Freunde. Zu den geschätzten Spezialitäten aus der Elbe gehören Stint, Zander, Aal, Hecht, Barsch und Schlei. Gefangen werden aber auch Lachs, Meerforelle

117

Friedrich Wilhelm Kücken

Bereits als Kind erhielt der am 16. November 1810 geborene Kücken Klavierunterricht, half bei Musiziertreffen der Erwachsenen aus und komponierte bereits als Zwölfjähriger. Ein Verwandter, der Schweriner Schlossorganist und Musikdirektor Friedrich Lürß, erkannte das junge Talent und holte es 1825 in die mecklenburgische Residenzstadt. Dort erhielt Kücken nicht nur Musikunterricht, sondern wurde trotz seiner Jugend schon bald vom Großherzog Paul Friedrich von Mecklenburg-Schwerin zum Klavierlehrer seiner beiden ältesten Kinder ernannt. Er nahm an Konzerten der großherzoglichen Familie teil und schrieb Märsche für das Schweriner Militärmusikkorps. Durch Fürsprache des Erziehers der großherzoglichen Kinder siedelte Kücken 1832 nach Berlin über und fand dort in Karl Birnbach einen guten Lehrer. Er wurde bald Mitglied der Berliner Singakademie sowie der Liedertafel und schrieb neben mehreren Liedern 1839 auch seine erste Oper. Weitere Stationen waren Wien, die Schweiz und dann Paris. Dort lernte er Heinrich Heine kennen, vertonte glücklos dessen »Loreley«, schrieb aber auch die romantisch-komische Oper »Der Prätendent«, die 1847 in Stuttgart uraufgeführt wurde. Die Vertonung eines Uhlandtextes brachte Kücken den Titel Hofkomponist ein. 1851 wurde er zweiter, 1856 erster Hofkapellmeister in Stuttgart, kehrte 1861 nach Schwerin zurück, wo er sich nun ausschließlich dem Komponieren bzw. Leben als Privatmann widmete. 1882 verstarb er nach einem Besuch bei Freunden auf der Rückfahrt mit der Pferdebahn.

oder Stör. Unterstützt wird die **Elbfischerei** durch das Elbfischereibüro, das Ansprechpartner für Erwerbsfischerei, Freizeitangler und auch Gastronomie ist.

▸ Elbfischereibüro c/o Elb-Schloss Bleckede, Schlossstr. 10, Tel. 05852/9514-16, Fax 05852/9514-99, www.elbfischereibuero.de

Vom ElbSchloss kommt man nordwärts in die **Elbtalaue**. Südwärts geht es hingegen zur Lüneburger Straße und weiter durch die Bahnhofstraße zurück zum ZOB.

➢ Impressionen aus der Innenstadt von Bleckede

Amelinghausen

Der über 700 Jahre alte, staatlich anerkannte Erholungsort Amelinghausen inmitten des Naturparks Lüneburger Heide ist weithin bekannt durch sein jährliches **Heideblütenfest** im August mit Wahl der Heidekönigin und großem Festumzug, gleichzeitig das größte Volksfest im Landkreis Lüneburg. Seinen Namen hat das Heidedorf vom Bischof Amelung aus Verden. Den Besucher erwartet eine wald- und heidereiche Umgebung, die für Wanderer, Radfahrer und Reiter bestens erschlossen ist. Zu erwähnen sind hier der Lopausee mit dem Lopaupark, die Kronsbergheide, das Marxener Paradies, die Rehrhofer Heide und die Schwindebecker Heide mit der Schwindequelle. Zu den Zeugnissen aus der Vergangenheit zählen die gut erhaltenen **Gräberfelder** (Megalith-Kultur) der Oldendorfer Totenstatt und der Nekropole Soderstorf. Beliebt sind auch die rustikalen Dorfabende im historischen Schafstall. Zahlreiche Chöre, Musikgruppen und Orchester mit über 600 Mitwirkenden tragen zur Unterhaltung bei den verschiedenen Festen und Veranstaltungen bei.

Rundgang

Der nachfolgend beschriebene Rundweg von 9 km führt nicht nur zu den Sehenswürdigkeiten im Ort, sondern auch zum außerhalb gelegenen Lopausee, zur Kronsbergheide und zur Oldendorfer Totenstatt. Ausgangs- und Endpunkt ist der ZOB an der Oldendorfer Straße. Von dort hält man sich südwärts und kommt zur Lüne-

Aus der Geschichte

10. Jh.	Bau einer Holzkirche
1170	Ein Feldsteinbau ersetzt die Holzkirche
1293	Erste urkundliche Erwähnung
1371	Amelinghausen wird im Lüneburger Erbfolgekrieg niedergebrannt
1396	Großbrand durch kriegerische Auseinandersetzungen zwischen der Stadt Lüneburg und den Herzögen von Braunschweig-Lüneburg
1618–48	Kaiserliche Truppen und später die Schweden verwüsten Amelinghausen mehrfach
1757	Stützpunkt für französische Truppen während des 7-jährigen Krieges
1803–13	Während der Eroberungsfeldzüge Napoleons leidet die Bevölkerung unter maßloser Steuerlast und französischen Truppen
1913	Eröffnung des Bahnhofs in Sottorf an der Strecke Lüneburg–Soltau
1942–45	Im Zweiten Weltkrieg wird das Gebiet um Amelinghausen mehrfach bombardiert
1950	Erstes Heideblütenfest, initiiert vom Männerchor Amelinghausen
1953	Ein weiteres Großfeuer
1970	Vereinigung der Gemeinden Amelinghausen und Sottorf
1974	Gründung der Samtgemeinde Amelinghausen im Zuge der Gebietsreform
1993	700-Jahr-Feier
1997 bis 2000	Neuanlegung von Heideflächen auf dem ehemaligen Truppenübungsgelände bei Schwindebeck
2002	Partnerschaft Wapno/Polen

burger Straße (B 209). Von hier geht es rechts über die Bahnstrecke ortseinwärts. Nach einem deutlichen Bogen zweigt noch vor dem **Rathaus** rechts die Marktstraße ab, an der gleich links ein altes Reetdachhaus liegt, das Markthus, das früher als Heimatmuseum genutzt wurde. Heute haben hier die Tourist-Information Amelinghausen und der Träger des Naturparks Lüneburger Heide, nämlich der Verein Naturparkregion Lüneburger Heide ihren Sitz.

Vom Touristikcenter geht es hinter dem Rathaus zur **Hippolit-Kirche**, deren ältester Teil heute die Fachwerknordwand von 1750 ist. Eine erste Holzkirche wurde im 10. Jh. erbaut und 1170 durch einen Feldsteinbau ersetzt. Bischof Amelung, ein Verehrer des Schriftstellers Hippolit, soll der Kirche den Namen gegeben haben. 1501 erhielt sie einen steinernen Rundturm, 1749 erfolgte ein Neubau, der jedoch beim verheerenden Brand von 1818 größtenteils zerstört wurde. Der größte Teil des heutigen Gebäudes wurde 1818–20 im klassizistischen Stil errichtet, Ende des 19. Jh. kam noch der neugotische **Kirchturm** hinzu. Aus dem Kircheninneren ist u.a. das Brandkreuz zu erwähnen. Es schmolz bei dem Großfeuer, landete auf dem Bauschutt und wurde 150 Jahre später wieder gefunden und restauriert. Es stammt aus der Zeit um 1700 und war ursprünglich ein Sarg- oder Vortragekreuz. Die Kanzel ist ein Balkon von 1820, die Orgel wurde im Jahre 1840 errichtet (2001 restauriert). Sie verfügt über fast 1000 Pfeifen und 21 Register. Der achteckige neoromanische Taufstein stammt aus dem 19. Jh., während die neugotischen **Bunt-**

glasfenster mit biblischen Motiven 1937 entstanden sind. Zu bestimmten Terminen finden in der Kirche Konzerte bei Kerzenschein statt, die Freitag-Nacht-Konzerte – bei denen von Klassik bis Jazz alles gespielt wird.

▶ Hippolit-Kirche, 9–18 Uhr (im Winter außerhalb der Gottesdienste geschlossen), weitere Informationen im gegenüberliegenden Pfarramt, Uelzener Str. 1, Tel. 04132/227, Fax 04132/910331, www.kirchelueneburg.de

Gegenüber der Kirche liegt auf der anderen Straßenseite der **Landgasthof** Niedersachsen. Auf dem Hof links steht der 1820 erbaute und 1989 renovierte Postschuppen, der bis 1913 dem Anspannen und Wechseln der Postkutschenpferde diente.

Von hier geht man zurück in Richtung Rathaus, beim Eiscafé »Tante Adele« biegt man rechts in die Straße »Zum Lopautal« ab, passiert später ein Sportgelände (rechts), den Lopaupark mit Campingplatz (links) und erreicht ein Wassertretbecken an der Lopau selbst. Hier kommt man geradeaus zum Parkplatz beim Waldbad und zum Südende (Einlauf) des **Lopausees**, den man auf beiden Uferseiten umrunden kann – oder man verweilt auf einer der Ruhebänke. Es gibt sogar eine schwimmende Seebühne, die beim Heideblütenfest genutzt wird. Der gesamte, größtenteils von Wald umgebene See ist eine Naturidylle für Wasservögel. Wer etwas Nervenkitzel braucht, bekommt diesen im Hochseilgarten mit 6 Parcours und 95 Hindernissen in einer Höhe von 50 cm bis 18m. Geht man am Westufer entlang, kommt man am Café-Restaurant »Seestübchen« vorbei und erreicht am Nord-

➢ Am Lopausee

Heideblütenfest

Aus einer Festlaune heraus beschlossen die Mitglieder des Männerchores Amelinghausen 1949, im Rahmen ihres Sängerfestes ein junges Mädchen zur **Heidekönigin** zu wählen. So wurde Gerda Halpap (heute Thömen) zur allerersten Heidekönigin gekrönt. Die spontane Idee fand so viel Zuspruch, dass man 1950 das erste offizielle Heideblütenfest auf dem Kronsberg veranstaltete. Damals standen hauptsächlich Liedervorträge der Gesangsvereine auf dem Programm. 1951 kam ein bunter Abend dazu, 1964 fand erstmals eine plattdeutsche Theateraufführung statt und 1974 erfolgte erstmals die Eröffnungsveranstaltung am Lopausee. Das abwechslungsreiche Festprogramm mit seinen diversen Veranstaltungen wird heute von mehr als 50.000 Menschen besucht und ist damit das größte **Volksfest** im Landkreis Lüneburg.

Zur Eröffnungsveranstaltung am Lopausee gehört heute nicht nur das Programm auf der schwimmenden Bühne oder die zahlreichen Stände entlang des Sees, sondern auch die **Wasserorgel** der Freiwilligen Feuerwehr Soltau und ein großes Feuerwerk, umrahmt von einer spektakulären Lasershow und einem bunt gestalteten Unterhaltungsprogramm. Ein weiterer Höhepunkt ist alljährlich der große Festumzug. Traditionell führt der Königinnenwagen der frisch gekürten Heidekönigin den Umzug an. Dazu gehören etwa 30 weitere Festwagen, Motivwagen aus Heidegestecken, Fußgruppen sowie Musik- und Spielmannszüge.

Absoluter Höhepunkt des Festes ist aber die Wahl der Heidekönigin, die ihren Wohnsitz in der Umgebung von Lüneburg haben sollte. Natürlichkeit und Charme sind weitere Voraussetzungen wie auch ein wenig Mut, sich auf der Freilichtbühne

➢ Die Heidekönigin 2005

➢ Die Heidekönigin und ihr Hofstaat

am Kronsberg den vielen Zuschauern vorzustellen. Während der einjährigen Amtszeit vertritt die Heidekönigin die gesamte **Lüneburger Heide** mit der Urlaubsregion Amelinghausen und sie ist in vielen Teilen Deutschlands unterwegs. Ihr zur Seite stehen sechs Hofdamen, zwei Betreuerinnen und in der Heideblütenfestwoche noch zusätzlich zwei Prinzessinnen. Die wohl berühmteste ehemalige Heidekönigin ist Jenny Elvers-Ebertzhagen, die in Amelinghausen aufgewachsen ist und mit 18 Jahren zur 41. Heidekönigin gewählt wurde.

Zum Heideblütenfest gehört aber auch die Wahl eines **Heidebocks**. 1955 wurde – ebenfalls aus einer Bierlaune heraus – beschlossen, ein männliches Gegenstück zur Heidekönigin zu schaffen. Der Heidebock wird heute traditionell am Donnerstag vor dem abschließenden Festsonntag während der Heideblütenfestwoche gewählt, muss unverheiratet sein und es auch während der einjährigen Amtszeit bleiben. Wer durch ausgefallene Gags, Szenen und Darstellungen am besten um die Gunst des Publikums buhlt und die meisten Gästestimmen auf sich vereint, wird neuer Heidebock. Der Verein der Heideböcke organisiert überdies etliche Veranstaltungen im Laufe des Jahres in Amelinghausen, darunter immer vor Ostern das Sittorßen, einen Plattdeutschen Nachmittag und Plattdeutsches Theater.

▶ Heideblütenfest Amelinghausen, Mitte August (neun Tage mit zwei Wochenenden), Programm erhältlich über die Tourist-Information, Veranstalter des Festes ist der Verein »Heideblütenfest Amelinghausen e.V.«, www.heidebluetenfest.com bzw. www.heideboecke.de

ufer des Sees ein Wehr. Von hier sieht man bereits das Café »Seeblick« mit Tretbootverleih oder ca. 100 m weiter das Restaurant »Alchimistenküche«.

Am Wehr biegt man links ab, geht unter der B 209 durch und kommt schließlich rechts zum Parkplatz Kronsbergheide. Von dort führt ein Sandweg nordwärts zur nahen **Kronsbergheide** und zur **Oldendorfer Totenstatt** – einem Heidegebiet mit über 4000 Jahre alten Großsteingräbern in verschiedenen Grabformen. Während die ältesten Gräber aus der Jungsteinzeit (3000–1700 v. Chr.) stammen, sind die Hügelgräber jünger, vermutlich aus der älteren Bronzezeit (1600–1200 v. Chr.). Die bei Ausgrabungen gefundenen Grabbeigaben sind zum Teil im **Archäologischen Museum** Oldendorf/Luhe ausgestellt.

➢ Die Oldendorfer Totenstatt

Von hier geht man zurück und überquert die idyllische Lopau, einen Nebenfluss der Luhe. Beim folgenden Querweg hält man sich rechts und geht am Ende links auf dem Röthenweg zurück zum Ortsteil Sottorf. Man folgt der später Triangel genannten Straße bis zum Bauckhof (Demeter-Betrieb mit Hofladen), biegt davor auf einen Nebenweg ab und kommt durch ein kleines Gehölz zur Oldendorfer Straße bei der **Pella-Kirche**. Sie wurde 1880 im neugotischen Stil von Christoph Heger erbaut, 1908 kam der massive Kirchturm hinzu. Etwas links von der Kirche auf der anderen Straßenseite liegt die Zufahrt zur Alten **Mühle Sottorf**.

Dieser Backsteinturm mit blauen Fenstern diente über viele Jahrzehnte als Getreidemühle. Heute findet man auf den beiden mittleren Etagen 13 Handwebstühle, mit denen Stoff für ausgefallene Bekleidung gewebt wird. Neben Webkursen finden hier regelmäßig auch (Kunst-)Ausstellungen statt.

▶ Alte Mühle Sottorf, Oldendorfer Str. 11, Tel. 04132/910895, Fax 04132/8864, www.altemuehle sottorf.de, geöffnet an den Ausstellungstagen, Webereibesichtigung ab 10 Personen nach Absprache, Verkauf Di–Fr 13–18 Uhr

Eine weitere Sehenswürdigkeit ist der **Eulengarten**, in dem rund 60 Eulen und Taggreifer verschiedenster Arten in natürlich gestalteten Volieren gezeigt werden.

▶ Eulengarten, Finkenweg 18, Tel. 7804, Mai–Sep, Mi u. Sa 15 Uhr

Folgt man der Oldendorfer Straße von der Alten Mühle südwärts, kommt man in Kürze zurück zum Ausgangspunkt der Tour, dem ZOB.

➤ Heidschnuckenherden sorgen für den Erhalt der Heidelandschaft

In der näheren Umgebung

Bei Schwindebeck (8 km westlich) hat man auf dem ehemaligen Truppenübungsgelände nicht nur erfolgreich neue **Heideflächen** geschaffen. Hier kann die **Schwindequelle** besucht werden, Niedersachsens zweitgrößte natürlich hervortretende Quelle. Sie besticht durch ihre Vielfarbigkeit von Braun-Rötlich bis Grün-Türkis, denn die Mineralien im Wasser geben ihr immer wieder ein anderes Aussehen.

Ein weiteres Zeugnis der Vergangenheit sind die **Gräberfelder** bei Soderstorf, 5 km nordwestlich, und der historische Wollspeicher auf dem Rehrhof, 6 km südwestlich.

In Oldendorf, 4 km nördlich, gibt es seit 2005 ein Archäologisches Museum. Untergebracht ist es in einer unter Denkmalschutz stehenden ehemaligen **niedersächsischen Rauchkate**, die Anfang des 19. Jhs. als Schule und bäuerlicher Betrieb genutzt wurde. In diesem Museum werden u.a. archäologische Fundstücke ausgestellt, die vorher im Heimatmuseum Amelinghausen zu sehen waren. Hinzu kommen Leihgaben vom Museum für das Fürstentum Lüneburg. Schwerpunkte bilden die nahe **Oldendorfer Totenstatt** und die Regionalgeschichte.

▶ Archäologisches Museum, Amelinghausener Str. 16 b, 21385 Oldendorf/Luhe, Tel. 04132/933123, Fax 9398780, www.oldendorf-luhe.de/museum, Apr–Okt Di–Sa 14–17 Uhr, So 10–16 Uhr, Jul–Okt auch Di–Sa 10–12 Uhr, Nov–Mrz Sa 14–16 Uhr u. So 13–16 Uhr

125

Undeloh

Undeloh ist eines der bekanntesten **Heidedörfer**, das malerisch inmitten des Naturschutzparks Lüneburger Heide gelegen ist und von Mischwäldern, Wacholderheide, Mooren, Wiesen und Teichen umgeben wird. Bereits im Jahre 1190 urkundlich erwähnt, dürfte der Ort eine Gründung der Langobarden gewesen sein, denn der Name stammt aus dem Langobardischen und bedeutet Quellhain. Diese Bezeichnung hat ihren Ursprung in einem Naturphänomen, dem »Hungerpohl« – einer Quelle, die bei Trockenheit übersprudelt und in Regenzeiten versiegt.

Im über 800 Jahre alten Undeloh gibt es etliche alte **Fachwerkhöfe** im typischen Niedersachsenstil, die oft von knorrigen Hofeichen und Findlingsmauern umgeben sind. Das eher ruhige Dorf wird alljährlich zur Zeit der Heideblüte im August/September aus seinem Dornröschenschlaf gerissen, denn dann säumen Straßenhändler mit ihren Ständen die Straßen – Pkws und Busse aus ganz Deutschland geben sich hier ein Stelldichein. Dabei ist es ganzjährig ein idealer Ausgangspunkt für Ausflüge zu Fuß, per Rad oder zu Pferd durch den **Naturschutzpark** Lüneburger Heide. Fast ein Pflichtprogramm ist die **Kutschenfahrt** nach Wilsede und die Besteigung des 169 m hohen **Wilseder Berges**, der höchsten Erhebung Norddeutschlands. Hier liegen die größten zusammenhängenden Heideflächen Europas, für deren Erhaltung die Heidschnuckenherden sorgen. Große **Schafställe** sind deshalb charakteristisch für diese Gegend. Im Radenbachtal bei Undeloh leben etwa 40 Birkhühner, eine vom Aussterben bedrohte Art. Der Landschaftspflege im Radenbachtal dienen aber auch **Wildpferde** und Rinder, wie die »Wilseder Roten«, eine robuste Kreuzung aus Highlands und Shorthorns mit zotteligem Fell.

Aus der Geschichte

1190	Erste urkundliche Erwähnung
1192	Vermutlich Bau der St. Magdalenenkirche
1352	Nennung des Ortes in Urkunden des Bistums Verden
1639	Durch Kriegseinwirkungen wird die Kirche stark beschädigt und der Chorraum stürzt ein
1641–44	Kirchenneubau als Fachwerkbau mit Ziegelsteinfüllungen
1647	Eine erste Schule wird gegründet
1810	Undeloh zählt 109 Einwohner
1908	Der Ort bekommt einen öffentlichen Fernsprecher
1923	Gründung der Freiwilligen Feuerwehr
1926	Die Jugendherberge wird gebaut
1933	Errichtung einer Poststelle
1990	800-Jahr-Feier

Rundgang

Der nachfolgend beschriebene Rundgang (etwa 9,5 km) berührt die Sehenswürdigkeiten in Undeloh und führt dann nach Wilsede. Sofern man die Gesamtstrecke nicht

➤ Das Naturschutzgebiet erkundet man am besten in der Kutsche, zu Fuß oder mit dem Fahrrad

zu Fuß zurücklegen möchte, sind Pferdekutsche oder Fahrrad beliebte Alternativen. Ausgangspunkt ist die Bushaltestelle in der Ortsmitte. Von dort geht man westwärts bis zur Wilseder Straße. Hier liegt die **St. Magdalenenkirche**, die eine der typischen und ältesten kleinen Heidekirchen ist. Die ursprünglich vermutlich 1192 erbaute Kirche wurde zunächst mit Findlingssteinen errichtet und besaß ein steinernes Chorgewölbe. Letzteres wurde im Dreißigjährigen Krieg zerstört und

stürzte 1639 ein. Der heutige romanische Feldstein- und Fachwerkbau geht auf 1641–44 zurück. Damals ergänzte man den zerstörten Chorraum im Fachwerkstil. Aus dieser Zeit stammt auch die Kanzel. In dieser Zeit erhielt die Kirche ein neues Dach, die **Holzbalkendecke**, eine neue Empore sowie den Altaraufsatz mit Bildern. 1891 wurden die Fenster im alten Kirchenteil neugo-

➤ Folgende Doppelseite:
Die St. Magdalenenkirche in Undeloh

tisch vergrößert. Der Altaraufsatz stammt von 1656/57, zeigt Bilder aus der Passion Jesu und war von 1901–29 außerhalb der Kirche gela-gert. Das Kruzifix ist vermutlich aus dem 13. oder 14. Jh., die Orgel wur-de 1961 errichtet.

◗ St. Magdalenenkirche, Jun–Okt 8–20 Uhr, Nov–Mai 9 Uhr bis Einbruch der Dunkelheit, Infor-mationen unter Tel. 04189/282, www.kirche-undeloh.de. Von Jul–Sep finden hier Sonntags (im Wechsel mit Egestorf) um 17 Uhr Kammermusik-Konzerte unter dem Motto »Musik in alten Hei-dekirchen« statt sowie abends kleinere Veranstaltungen u. So eine Kirchenführung nach dem Gottesdienst

Folgt man der Wilseder Straße wei-ter südwärts, kommt man bald lin-kerhand am idyllischen **Dorfteich** vorbei und erreicht wenig später das auf derselben Straßenseite liegende **Seume-Haus**, das Informationszen-trum des Vereins Naturschutzpark. Gezeigt werden Zusammenhänge im Bereich Naturkunde und der Ge-schichte des Heidegebietes. Jeden Dienstag wird in der Saison um 10 Uhr eine 2–3stündige geführte Wan-derung im Bereich des Radenbaches oder nach Wilsede angeboten.

◗ Seume-Haus, Wilseder Str. 23, Tel. 04189/818648, Mai–Sep Di–So 10–16 Uhr oder nach Vereinbarung

Der folgende Weg nach Wilsede ist für den **Autoverkehr gesperrt**. Man trifft hier häufig auf Pferdekutschen, Radfahrer, Wanderer oder Reiter. Der Weg führt durch schönes **Wachol-der-Heidegelände** und man begeg-net vielleicht einer Schnuckenherde. Noch bevor man Wilsede erreicht, liegt auf der rechten Seite ein großer Schafstall.

In Wilsede kann man noch heute die Merkmale eines typischen Heidedor-fes erkennen. Die Höfe verfügen über eine große Hoffläche mit Hofgehöl-zen und sind umgeben von Gärten und hofnahen Äckern. Früher wur-den hier viele Tiere gehalten. Zwei

Naturschutzgebiet Lüneburger Heide mit Wilseder Berg

Lange sah man die **Heidelandschaft** als nutzloses und ödes Sandgebiet an. Das änderte sich schlagartig Anfang des 20. Jh., als an einem Septembertag im Jahre 1906 allein in Hamburg 14.000 Bahnfahrkarten zu Zielen in der Heide verkauft wurden. Touristische Projekte wurden in Angriff genommen, am Totengrund war eine Wochenendsiedlung geplant und auf dem **Wilseder Berg** stand bereits eine Gastwirtschaft. Damals kämpfte der Egestorfer Pastor Wilhelm Bode für die Erhaltung der Heideflächen am Wilseder Berg und Lehrer Bernhard Dageförde errichtete das **Heimatmuseum** in Wilsede. Seit 1910 erwarb der im Vorjahr gegründete Verein Naturschutzpark Flächen, um die einmalige Landschaft zu erhalten. 1921 konnte der Verein einen Schutzstatus für das heutige Gebiet erreichen. Seitdem versucht er, durch weitere Flächenaufkäufe das Schutzziel abzusichern. Von dem 23.400 ha großen **Naturschutzgebiet Lüneburger Heide** befindet sich fast ein Drittel im Eigentum des Vereins. Zum Besitz gehören aber nicht nur Naturflächen, sondern auch bauhistorisch bedeutende Häuser, die in Wilsede z.B. zum Teil für Seminare genutzt werden.

Da nur mindestens 50 Prozent eines Naturparks unter besonderem Schutz stehen müssen, wurde die Idee eines größeren Naturparks geboren und am 14. 02. 2007 amtlich besiegelt. Der neue »**Naturpark Lüneburger Heide**« umfasst nun 107.769 ha, verteilt auf die Landkreise Lüneburg, Harburg und Soltau-Fallingbostel. Der Verein

Naturschutzpark nimmt seine Aufgaben für das alte Kerngebiet um den Wilseder Berg weiterhin wahr und ist eines der Mitglieder des Vereins »**Naturparkregion Lüneburger Heide**« mit Sitz in Amelinghausen.

Der Wilseder Berg, der bereits 1910 erworben wurde, ist mit 169 m der **höchste Punkt der Lüneburger Heide** und das Zentrum des Schutzgebie-

tes. Entsprechend ist die Rundsicht, die an klaren Tagen bis Lüneburg oder sogar Hamburg gehen kann. Gleichzeitig bildet er die **Wasserscheide** zwischen Elbe, Aller und Weser und ist ein äußerst beliebtes Ziel der Wanderer und Radwanderer, die ihn auf verschiedenen Wegen aus allen Himmelsrichtungen erreichen können – es gibt kaum ein niedersächsisches Schulkind, das nicht mindestens eine Schulwanderung hier unternommen hat.

▶ Verein Naturschutzpark e.V., Niederhaverbeck 7, 29646 Bispingen, Tel. 05198/987030, Fax 05198/987039, www.vereinnaturschutzpark.de

➤ Wacholderheide bei Undeloh

Schnuckenherden des Vereins Naturschutzpark sind hier im Dorf beheimatet – mit je etwa 350 Muttertieren und 10–15 Böcken. Nur noch rund 30 Menschen leben ständig in Wilsede. Viele der Häuser gehören dem Verein Naturschutzpark und stehen unter Denkmalschutz.

Nach dem erwähnten **Schafstall** passiert man den rechts liegenden Gasthof »Wilseder Hof«. Hier zweigt der Fernwanderweg zum Wilseder Berg ab. Links folgt Witthöfts Gästehaus mit Restaurant. Die viele hundert Jahre alte Witthöft'sche Krugwirtschaft wurde schon von den Postkutschenfahrern als Aus- und Umspannplatz genutzt. Die jetzigen Nachkommen sind heute die einzigen Alteingesessenen in Wilsede. Nach dem Gästehaus folgt links die so genannte **Kote Riekmann**, ein 1647 erbauter Hof, und anschließend die **Kote Hilmer**. Sie ist in Teilen 400 Jahre alt und war bis 1750

eine Schule. Hier liegt die Keimzelle des heutigen Naturschutzgebietes, das 1910 vom Verein Naturschutzpark zusammen mit dem Wilseder Berg erworben wurde. Rechts folgt der **Emhoff**, 1964 im alten Stil wiederaufgebaut. Im Schafstall werden wechselnde Ausstellungen zur Lüneburger Heide gezeigt.

Links liegt das Heidemuseum »**Dat ole Hus**«. Das typische Nordheidehaus wurde 1907 durch den Lehrer Dageförde von Hanstedt hierher versetzt. Am Hausgiebel steht das Baujahr 1742, Teile sind jedoch wesentlich älter (um 1540). Das so genannte Rauchhaus zeigt, wie ein **Heidehof** vor etwa hundert Jahren aussah, und vermittelt einen Eindruck, wie man wohnte und arbeitete. Im Obergeschoss befindet sich noch eine frühgeschichtliche Sammlung. Zu bestimmten Terminen werden auf dem Museumsgelände sonntags historische

➢ Alter Schafstall bei Wilsede

Handwerksarbeiten wie Korbflechten, Spinnen, Weben usw. gezeigt. Zum Museum gehören der schon erwähnte Emhoff, die Ausstellungen Schafstall sowie das Gasthaus Heidemuseum und der Museumsladen mit Milchhalle.

▸ Heimatmuseum »Dat ole Hus«, Wilsede 9b, 29646 Bispingen, Tel. 04175/80 29 33, Mai–Mitte Okt Di–So 10–16 Uhr oder nach Vereinbarung

Südlich von Wilsede liegt der bekannte **Totengrund** – ein Trockental, das nur Schäfer mit ihren Heidschnucken betreten dürfen. Die Bilderbuch-Heidelandschaft kann man als Wanderer am besten vom oberen Rand des Tales genießen.

Vom Museum geht man zurück in Richtung Undeloh bis zum Schafstall. Hier biegt man links vom Fahrweg ab, geht am Waldrand entlang bis zum **Fernwanderweg**. Dieser führt rechts zurück zum großen Parkplatz an der Wilseder Straße in Undeloh.

Das 5 km nordwestlich von Undeloh gelegene Wesel gehört mit einigen kleinen Häusergruppen ebenfalls zu Undeloh. Die kleine Heideortschaft ist auf allen Seiten von Heideflächen umgeben und liegt unweit vom Quellgebiet des Weselbachs – eine besonders reizvolle Gegend. In der **Weseler Heidehalle** finden viele interessante Veranstaltungen statt.

133

Informationen
A–Z

Lüneburg

Postleitzahlen: 21335, 21337, 21339

Telefonvorwahl: 04131
(auch für Adendorf und Bardowick)

Wichtige Adressen

Tourist-Information, Rathaus/Am Markt (21335), Tel. 20766-20, Fax 20766-44, www.lueneburg.de, Mo–Fr 9–18 Uhr, Mai–Okt u. Dez Sa 9–16 Uhr, So 10–16 Uhr, Nov–Apr Sa 9–14 Uhr, touristik@lueneburg.de

Lüneburger Heide GmbH, Am Ochsenmarkt 1 (21335), Tel. 7373-0, Fax 42606, www.lueneburger-heide.de

Weitere interessante home-pages: www.luene-info.de, www.lueneburger-geschichte.de

Autovermietung (Auswahl)

Enterprise Autovermietung, Vor dem Bardowicker Tore 21 (21339), Tel. 26311-0, www.enterprise.de

Euromobil-Partner Autozentrum Havemann, Uelzener Str. 105 (21335), Tel. 744186, Fax 744185 und
Vor dem Bardowicker Tore 44 (21339), Tel. 2007-0, Fax 2007-10, www.havemann.de

Euromobil-Partner Autohaus Dannacker & Laudien, August-Horch-Str. 22 (21337), Tel. 888633, Fax 888634, www.dannacker-laudien.de

Europcar, Vor dem Bardowicker Tore 4 (21339), Tel. 35075, Fax 36795, www.europcar.de

Hertz Autovermietung, Feldstr. 2a (21335), Tel. 709334, www.hertz.de

S-Car Autovermietung, Goseburgstr. 27 (21339), Tel. 996913, Fax 996915, www.s-car.de

Sixt-Lizenznehmer Jupp, Vor dem Bardowicker Tore 25 (21339), Tel. 221722, Fax 01805-221730, www.e-sixt.de

Baden

Freibad Adendorf, u.a. mit Riesenrutsche und Minigolfplatz, Scharnebecker Weg 19, 21365 Adendorf, Tel. 187541, Mitte Mai–Mitte Aug, Mo–Fr 6.30–20.30 Uhr, Sa/So 8–20 Uhr

Naturbad Bardowick (Naturbad mit Sandstrand), Im Kuhreiher 22, Tel. 263215, Mai–Sep

Freibad Hagen, Schützenstr. 32 (21337), Tel. 8563-0, Mitte Mai–Mitte Sep, Mo–Fr 6.30–20.30 Uhr, Sa/So 7–20 Uhr

Hallenbad im Salü, Uelzener Str. 1-5 (21335), Tel. 723-0, Fax 723-123, www.kurzentrum.de, Mo 15–18 Uhr, Di u. Do 6.30–9 u. 16–19 Uhr, Mi 6.30–9 u. 15–21 Uhr, Fr 6.30–9 u. 15–19 Uhr, Sa 6.30–18 Uhr, So 9–17 Uhr, nur für Damen Do 14–16

Uhr, an Feiertagen und während der Sommerferien geschlossen

Salztherme Lüneburg (Sa Lü) im Kurzentrum mit Sole-Wellenbad, Sole-Außenbecken, Sole-Bewegungsbad, Riesenrutsche, Solarien und großer Sauna- und Wellnesslandschaft, Uelzener Str. 1–5 (21335), Tel. 723110, Fax 723123, Mo–Sa 10–23 Uhr, So 8–21 Uhr

Bahnen und Busse

DB Reisezentrum im Bahnhof Lüneburg, Servicestelle HVV (Hamburger Verkehrsverbund), Mo–Fr 6.30–19.30 Uhr, Sa 7–17 Uhr, So 9.30–19.30 Uhr. Infos zum HVV auch unter Tel. 040-19 449, www.hvv.de, kostenlose DB-Fahrplanauskunft 0800-1507090, www.bahn.de

Heide-Express (Nostalgiezug), Arbeitsgemeinschaft Verkehrsfreunde Lüneburg e.V./Touristik-Eisenbahn Lüneburger Heide GmbH, Theodor-Haubach-Str. 3 (21337), Tel. 58136, Fax 50629, www.heide-express.de

Lüneburger Bus-Info, Servicestelle HVV (Hamburger Verkehrsverbund) Servicestelle, Am Sande 13, Tel. 405303, Fax 777391, www.hvv.de, Mo–Fr 9.30–17 Uhr, Infos zum HVV auch unter Tel. 040-19449

Fahrrad-Wanderbus (mit Fahrrad-Anhänger), startet ab Lüneburg, Fahrplan in der Tourist-Information Lüneburg, an Sonn- und Feiertagen Anfang Mai–Anfang Okt Lüneburg – Amelinghausen – Soderstorf (kostenlose Fahrradbeförderung), Gruppen von 8 und mehr Personen müssen vorangemeldet werden unter Tel. 04131-880724

Bauerngarten

Bauerngarten Multiflora, Am Wienenbütteler Weg (Richtung Vögelsen), Besichtigung nach Absprache mit Marion Schmidtke, Am Petersberg 17a, 21407 Deutsch Evern, Tel. 220345, www.gaerten-europas.de

Bibliotheken (Auswahl)

Gemeindebücherei, Rathausplatz 16, 21365 Adendorf, Tel. 980950, Fax 980955, buecherei@adendorf.de, Di–Sa 10–12 Uhr, zusätzlich Di u. Do 15–18 Uhr, Mi 15–17 Uhr, Fr 15–19 Uhr, während der Sommerferien Di–Do, Sa 10–12 Uhr, Fr 15–18 Uhr

Kinder- und Jugendbücherei, Auf dem Klosterhof 1c–e, Tel. 309620, Di u. Fr 14–17 Uhr, Mi 10–13 Uhr, Do 14–18 Uhr

Nordost Bibliothek, Conventstraße 1 (21335), Tel. 40059-0 , Fax 391143, www.ikqu.de/bibliothek.htm, Do 10–13 u. 14–19 Uhr sowie nach Vereinbarung

Ratsbücherei, Am Marienplatz 3 (21335), Tel. 309-609 (bibliothekarische Auskünfte 309-619), Fax 309-507, ratsbuecherei@lueneburg.de, Di, Do u. Fr 10–18 Uhr, Mi u. Sa 10–13 Uhr

Ratsbücherei Kaltenmoor, Graf Schenk von Stauffenberg-Str. 2 (21337), Tel. 56594, Mo u. Fr 9.30–17 Uhr, Mi 9.30–12.30 Uhr

Universitätsbibliothek, Scharnhorststr. 1 (21335), Tel. 677-1100, www.leuphana.de, Ausleihe: Vorlesungszeit Mo–Do 9–20 Uhr, Fr 9–19 Uhr, Sa 10–18 Uhr, vorlesungsfreie Zeit Mo–Fr 9–19 Uhr

Bootsverleih

Schröder's Garten, Vor dem Roten Tor 72a (21335), Tel. 48877, www.schroedersgarten.de

Campingplatz Rote Schleuse, s. u.

Campingplätze

Campingplatz Rote Schleuse, Rote Schleuse 4 (21335), Tel. 791500, Fax 791695, www.camproteschleuse.de

Diskotheken

Fun, Auf den Blöcken 3 (21337), Tel. 8508882, www.discofun.de

Garage, Auf der Hude 72 (21339), Tel. 35879, www.garage-online.de

Magic, Viti Furth 2, 21357 Bardowick, Tel. 121168

Pesel, Am Stintmarkt 12 (21335), Tel. 33297, Mi–Sa ab 22 Uhr, www.impesel.de

Vamos! Kulturhalle (auf dem Unigelände), Wichernstraße 27 (Büro) bzw. Scharnhorststr. 1 (Halle), Tel. 746365, Fax 7436366, www.vamoskulturhalle.de

Eissporthalle

Walter-Maack Eisstadion, Scharnebecker Weg, 21365 Adendorf (1800 m² Eislauffläche), Tel. 188180, Fax 799485, www.eisstadion-adendorf.de, Okt–Mrz, Laufzeiten Mo 8–13, 14–17.30 und 18–20 Uhr, Di, Do/Fr 8–13 und 14.30–17.30 Uhr, Mi 8–13 und 14–17 Uhr sowie 19–21.30 Uhr (Disco), Sa 9–10 Uhr (Senioren), 10–11.30 und 15–18 Uhr, So 10–13 und 14–17.30 Uhr

Fahrradverleih

RadspeicheR, Rad am Bahnhof, Tel. 266350 , Fax 266351, www.radspeicher.de, Mrz–Okt Mo–Fr 9.30–22 Uhr, Sa 6.30–20 Uhr, So 7–20 Uhr, Nov–Feb Mo–Fr 6–20 Uhr, Sa/So 9–18 Uhr

Freizeit- und Tierparks

Äußerst beliebt sind natürlich auch Tagesausflüge zu den Freizeit- und Tierparks der Lüneburger Heide, von denen gleich vier zur Auswahl stehen:

Wildpark Lüneburger Heide: Mit über 1000 Tieren, darunter Wildtiere unserer Klimazone, gefährdete Haustierrassen, Streichelgehege, tgl. Greifvogel-Flugvorführungen. Nindorf, 21271 Hanstedt, Tel. 04184/8939-0, Fax 8240, www.wild-park.de, Mrz–Okt 8–19 Uhr (Einlass bis 17.30 Uhr), Nov–Feb 9–16.30 Uhr (Einlass bis 15.30 Uhr), Lage: 26 km westlich von Lüneburg zwischen der Autobahnausfahrt Garlstorf (A 7, 2 km) und Nindorf (2 km)

Heide-Park Soltau: Norddeutschlands größter Vergnügungspark mit teils spektakulären Attraktionen und Shows. Heidenhof, 29614 Soltau, Tel. 01805/919101, Fax 05191/91111,www.heide-park.de, Apr–Okt 9–18 Uhr (Einlass bis 16 Uhr), in der Hochsaison Sa bis 20 Uhr, Lage: 57 km südwestlich von Lüneburg, nächste Autobahnausfahrt Soltau Ost (A 7, 7 km), Bahnhof an der Heidebahnstrecke Buchholz/Nordheide–Soltau.

Vogelpark Walsrode: Der größte Vogelpark der Welt . Am Rieselbach, 29664 Walsrode, Tel. 05161/6044-34, Fax 6044-40, www.vogelpark-walsrode.de, Nov–Mitte März 10–16 Uhr (März ab 9 Uhr), Mitte März–Okt 9–19 Uhr (im Herbst nur bis 18 Uhr), Lage: 83 km südwestlich von Lüneburg knapp nördlich von Walsrode, nächste Autobahnausfahrten Fallingbostel (A 7, 10 km) und Walsrode West (A 27, 5 km)

Serengeti-Park Hodenhagen: Safari-Erlebnis & Vergnügungspark mit über 1000 exotischen Tieren und Freizeitpark mit vielen Fahrattraktionen. Am Safaripark 1, 29691 Hodenhagen, Tel. 05164/97990, Fax 2451, www.serengeti-park.de, Ende Mrz–Ende Okt 10–18 Uhr (Sommerferien 9.30–18.30 Uhr, Einlass bis 17 Uhr), Anfang–Ende März u. Ende Okt–Ende Nov Öffnung in eingeschränkter Form bei reduzierten Preisen, Lage: 86 km südwestlich von Lüneburg, nächste Autobahnausfahrt Westenholz (A 7, 5 km)

Golfplätze
Öffentlicher 9-Loch-Golfplatz im Sportpark Adendorf , Moorchaussee 3, Tel. 707877, Fax 220402, www.golf-adendorf.de, ferner 18-Loch-Golfplatz vom Castanea Resort Hotel, Scharnebecker Weg 25, 21365 Adendorf, 2233-0, Fax 2233-2233, www.castanea-resort.de

Weitere Golfplätze in der näheren Umgebung

Internet-Cafés
Cherry Spielothek, Joker Spielhallen, Am Sande 26 (21335), Tel. 49591

Löwen Play Spielcenter, Am Berge 8 (21335), Tel. 408184, Mo–Sa 8–24 Uhr, So 10–24 Uhr

Shooter's Internet-Billard-Dart-Café, Auf der Altstadt 8 (21335), Tel. 401717, Mi geschlossen

Struwwelpeter, Internet-Café & Friseur, Pieperstr. 22b, 21357 Bardowick, Tel. 129099, www.struwwelpeter.de, Di–Sa 9–20 Uhr

VHS Lüneburg, Haagestr. 4, (21335) Lüneburg, Tel. 15660, Fax 1566150, 8–18 Uhr

Kalkberg-Führungen
Bund für Umwelt- und Naturschutz (BUND), Geschäftsstelle der Kreisgruppe Lüneburg, Katzenstr. 2 (21335), Tel. 40 28 77, Fax 47 512, www.bund-niedersachsen.de/kg/lueneburg/, Di u. Mi 15–17 Uhr, Kalkberg-Führungen ab Natur- und Umweltstation (Gipsofen), Beim Kalkberg 7 (21339), Tel. 683936, jeden letzten So im Monat um 11 Uhr, für Gruppen gemäß Vereinbarung

Kartenvorverkauf
Konzertkasse der Landeszeitung (LZ), Am Sande 17 (21335), Tel. 740-444, Fax 740-313, Mo–Fr 9–17 Uhr, Sa 9–13 Uhr

Kegeln/Bowling

Amiki-Bowling (12 Bahnen), Linden-
str. 30 (21335), Tel. 42525, Fax 495
14, www.amiki-bowling.de, Mo–Do
16–23 Uhr, Fr 15–1 Uhr, Sa 14–1 Uhr,
So 10–21 Uhr, feiertags 15–21 Uhr

Lifestyle Bowling, Bei der Pferde-
hütte 5 (21339), Tel. 799508,
www.lifestyle-bowling.de, Mo–Do
15–23.30 Uhr, Fr/Sa 14–2 Uhr, So
11–23.30 Uhr

Lüneburger Kegler Verein (12
Bahnen), Schnellenberger Weg
(21339), Tel. 62288, Fax 680101,
www.lkv-kegeln.de, Mo–Sa 15–19
oder 19.30–23 Uhr

Seminaris Hotel (Kegelbahnen), Soltauer Str. 3 (21335),Tel. 713-0, Fax
713-128, www.seminaris.de/lue-
neburg

Sporthotel vom TSV Adendorf (Ke-
geln & Bowling), Scharnebecker
Weg 15, 21365 Adendorf, Tel. 9831-
0, Fax 9831-31

Kindertobeland

In einer 2500 km^2 großen Halle finden Kinder alles, was das Herz be-
gehrt: Power-Rutsche, Kletterwand,
Monsterberg, Trampolin, Lerncom-
puter, Kart-Bahn uvm.
Alcino Kindertobeland, Scharnebecker Weg 23 (Stadtbuslinien 5007
und 5015 von Lüneburg), 21365
Adendorf, Tel. 68449-0, Fax 68449-
24, www.alcino.de, Mo–Fr 14–19
Uhr, Sa/So 11–19 Uhr, während der
Ferien auch Fr ab 11 Uhr

Kinos

CineStar, Fährsteg 1/Ecke Bockel-
mannstr. (21337), Tel. 3033222

(Kasse) , Ticket-Hotline 3033111,
www.cinestar.de

SCALA Programmkino, Apotheken-
str.17 (21335), Tel. 2243222 (Büro),
2243224 (Tickets, ab 15.15 Uhr),
2243226 (Programmansage), Fax
2243228, www.scala-kino.net, Ki-
nokasse tgl. ab 14.30 Uhr geöffnet

Kirchen

Bardowicker Dom, 9–16 Uhr , im
Sommer bis 17 Uhr außerhalb der
Gottesdienste und Abendmusikveranstaltungen, Führungen auf Anfrage, Tel. 12649

Johanneskapelle Adendorf, Dorfstr.,
Auskünfte beim Pfarramt, Bültenweg 18, Tel. 1817, geöffnet Jul/Aug
Sa 16– 18 Uhr oder nach Vereinbarung

St. Johanniskirche, Am Sande
(21335), Tel. 44542, Fax 404821,
www.st-johanniskirche.de, Mitte Mrz–Okt Mo–Do 10–17 Uhr, Fr
10–20 Uhr, Sa 10–18 Uhr, So 11–17
Uhr, übrige Zeit Fr 11–20 Uhr, Sa
11–18 Uhr, So 11–17 Uhr, Turmbesteigungen zu bestimmten festen
Terminen bzw. ab 5 Pers. individuell vereinbar unter Tel. 774344, Fax
774345, www.turmfuehrungen.de
Turmbläser Mo–Fr 9 Uhr, Sa 10 Uhr,
Orgelmusik jeden Fr 17.30 Uhr (15
Min.), regelmäßig Konzerte.

St. Michaeliskirche, Johann-Sebastian-Bach-Platz (21335), Tel.
31400, Fax 37176, www.sankt-
michaelis.de, Apr–Okt Mo–Sa 10–
17 Uhr, So 14–17 Uhr, Nov–Mrz
Mo–Sa 10–16 Uhr, So 14–16 Uhr,
regelmäßig Konzerte.

St. Nicolaikirche, Lüner Str. (21335), Tel. 2430770, Fax 2430776, 9–17 Uhr, Turmbesteigungen zu bestimmten Terminen oder nach Vereinbarung, regelmäßig Konzerte.

Kutschfahrten

Andreas Gensch, Am Bahndamm 15, 21358 Mechtersen, Tel. 04178-8542oder 0172-4290402, Fax 04178-8656, www.erlebnis-kutschfahrten.de, reguläre Stadtrundfahrten in Lüneburg in der Saison ab Rathaus/Waagestraße Di, Do/Fr 11.30, 13 und 14.30 Uhr

Märkte

Wochenmarkt mit typischen regionalen Produkten vor dem Rathaus, Mi u. Sa 7–13 Uhr. Informationen durch die Lüneburger Marktbeschicker, Tel. 0171/414015, Fax 044133/7856, www.lueneburger-wochenmarkt.de

Minigolf

Minigolfplatz Sülzwiesen, Ecke Sültenweg/Am Bargenturm, Tel. 749014, Mo–Fr 14–20 Uhr, Sa/So 13–20 Uhr

Kurpark, Soltauer Str.

Museen & Ausstellungen

Brauereimuseum, Heiligengeiststr. 39–41 (21335), Tel. 44804, Fax 401402, www.luene-info.de/brau.html, Di–So 13–16.30 Uhr

Deutsch-Baltisches Museum (in Vorbereitung) in einem Anbau des Ostpreußischen Landesmuseums, Ritterstr. 10 (21335), Info vorläufig über die Carl-Schirren-Gesellschaft, Tel. 36788, Fax 33453, www.carl-schirren-gesellschaft.de

Deutsches Salzmuseum, Industriedenkmal Saline Lüneburg, Sülfmeisterstr. 1 (21335), Tel. 45065, Fax 45069, www.salzmuseum.de, Mai–Sep Mo–Fr 9–17 Uhr, Sa/So 10–17 Uhr, Okt–Apr tgl. 10–17 Uhr, Führungen (Dauer ca. 1 Std.) Mo–Fr 11, 12.30 und 15 Uhr, Sa/So 11.30 und 15 Uhr sowie für Gruppen gemäß Vereinbarung. Schulklassen und Jugendliche dürfen das Museum nur im Rahmen einer vorangemeldeten Führung besuchen. Historisches Salzsieden mit Führung Mai–Sep, Salzige Stadtbesichtigungen nach Vereinbarung

Feuerwehrmuseum, Hinter der Worth 5b, 21357 Bardowick, Besichtigung nach Voranmeldung, Tel. 128459

Galerie Meyer, Lüner Str. 2 (21335), Tel. 31854, Fax 31897, Di–Fr 11–13 u. 15–18 Uhr, Sa 10–14 Uhr

Gildehaus (Heimatmuseum), St.-Johannisstr. 3, 21357 Bardowick, Tel. 1201-0, während der Öffnungszeit 128319, geöffnet Sa/So 15–17 Uhr oder nach Vereinbarung

Halle für Kunst, Reichenbachstr. 2 (21335), Tel. 402001, Fax 721344 www.halle-fuer-kunst.de, Di–So 14–18 Uhr

Heinrich-Heine-Haus (wechselnde Ausstellungen), Am Ochsenmarkt 1, Info unter u.a. über das Literaturbüro Lüneburg e.V., Tel. 309-687, Fax 309-688, www.lueneburg.de

Kloster Lüne mit Teppichmuseum, Am Domänenhof (21337), Tel. 52318, Fax 56052, www.kloster-

141

luene.de, Öffnungszeiten (Museum) Apr–Mitte Okt Di–Sa 10.30–12.30 Uhr u. 14.30–17 Uhr, So 11.30–13 Uhr u. 14.30–17 Uhr. Führungen (Kloster) Di–So 14.30–17 Uhr in 14.30 und 15.30 Uhr, für Gruppen nach Vereinbarung

Museum für das Fürstentum Lüneburg, Wandrahmstr. 10 (21335), Tel. 43891, Fax 405497, www.museum-lueneburg.de, Di–Fr 10–16 Uhr, Sa/So 11–17 Uhr, Führungen jeden Do und Sa von 11 bis 13 Uhr, für Gruppen nach Vereinbarung

Naturmuseum Lüneburg, Salzstr. 26 (21335), Tel. 403883, Fax 244757, www.lueneburg.de, Di–Sa 10–16 Uhr, So 10–13 Uhr

Ostpreußisches Landesmuseum, Ritterstr. 10 (21335), Tel. 75995-0, Fax 75995-11, www.ostpreussisches-landesmuseum.de, Di–So 10–17 Uhr

Rathaus am Marktplatz, Am Markt 1 (21335), Führungen für Einzelpersonen: Apr–Dez 10, 11.30, 13, 14.30 und 15.30 Uhr, Jan–Mrz Di–Sa 10, 11.30, 13.30 und 15 Uhr, Gruppenführungen nach Vereinbarung, Anmeldung unter Tel. 2076620, Fax 2076644, www.lueneburg.de

Wasserturm, Trägerverein Wasserturm Lüneburg e.V., Bei der Ratsmühle 19 (21335), Tel. 7895919, Fax 7895929, www.wasserturm.net, Apr–Okt tgl. 10–18 Uhr, Nov–Mrz Di–So 10–18 Uhr, Schülerführungen Mi 15 Uhr u. So 11 Uhr, für Gruppen nach Vereinbarung

Notfall

Feuerwehr, Lise-Meitner-Straße 12 (21337), Tel. 3012-0, Fax 3012-20, Notruf 112

Polizeiinspektion Lüneburg, Auf der Hude 1 (21339), Tel. 29-0, Fax 29-2250, Notruf 110

Städtisches Klinikum Lüneburg, Bögelstr. 1 (21339), Tel. 77-0, Fax 77-2529, www.klinikum-lueneburg.de

Radtouren

Organisierte Fahrradtouren um Lüneburg, Info über den ADFC, Katzenstr. 2 (21335), Tel. 47823, Fax 47512, www.adfc-lueneburg.de

Nachfolgend werden einige schöne Tagestouren aufgelistet. Der gemütliche Radfahrer sollte 13–15 km pro Stunde einplanen, derjenige mit Übung 16–19 km und der ausdauernde Radler auch über 20 km

Ab Lüneburg

Lüneburg – Goseburg – Ilmenauweg – Bardowick – St. Dionys – Barum – Lüdershausen – Artlenburg – Hohnstorf – Lauenburg/Elbe – Hohnstorf – Echem – Fischhausen – Schiffshebewerk Scharnebeck – Erbstorf – Kloster Lüne – Lüneburg (ca. 53 km)

Lüneburg – Tiergarten – Deutsch Evern – Wendisch Evern – Elbeseitenkanal – Vastorf – Rohstorf – Horndorf – Reinstorf – Holzen – Neetze – Boltersen – Scharnebeck – Schiffshebewerk – Erbstorf – Kloster Lüne – Lüneburg (ca. 49 km)

Lüneburg – Tiergarten – Deutsch Evern – Hohenbostel – Bienenbüttel – Eitzen I – Beverbeck – Barnstedt – Kolkhagen – Melbeck – Ilmenau – Rote Schleuse – Lüneburg (ca. 38 km)

Lüneburg – Gut Schnellenberg – Reppenstedt – Dachtmissen – Einemhof – Radbruch – St. Dionys – Bardowick – Ilmenauweg – Goseburg-Zeltberg – Lüneburg (ca. 35 km)

Ab Bleckede
Bleckede – Elbdeich – Radegast – Brackede – Barförde – Sassendorf – Hittbergen – Wendewisch – Garlstorf – Langen Stücke – Achterholz – Bleckede (ca. 37 km)

Bleckede – Alt Wendischthun – Alt Garge – Walmsburg – Katemin – Neu Darchau – Fähre – Konau-Popelau – Neu Garge – Stiepelse – Neu Bleckede – Fähre – Bleckede (ca. 35 km)

Ab Amelinghausen
Amelinghausen – Oldendorf – Wetzen – Südgellersen – Heiligenthal – Oedeme – Lüneburg – Rettmer – Oerzen – Neu Oerzen – Marxen – Oldendorf – Amelinghausen (ca. 43 km)

Amelinghausen – B 209 – Lopausee – Alter Schafstall – Betzendorf – Tellmer – Öchtringen – Hanstedt – Ebstorf – Allenbostel – Arendorf – Holthusen – Wulfsoede – Rehlingen – Amelinghausen (ca. 48 km)

Amelinghausen – Etzen – Dehnsen – Soderstorf – Schwindebeck – Schwindequelle – Evendorf – Döhle – Wilsede – Totengrund – Sellhorn – Volkwardingen – Borstel – Bispin-

gen – Hützel – Steinbeck – Dehnsen – Etzen – Amelinghausen (ca. 52 km)

Ab Undeloh
Undeloh – Wesel – Schierhorn – Hassel – Asendorf – Dierkshausen – Hanstedt – Ollsen – Undeloh (ca. 33 km)

Undeloh – Wilsede – Niederhaverbeck – Schneverdingen – Barrl – Ehrhorn – Wehlen – Wesel – Undeloh (ca. 39 km)

Reiten
Reithalle und Reitplatz bei der »Roten Schleuse«

Kinder-Reiterhof
Kinderpension Forsthaus Tiergarten, Im Tiergarten (21337), Tel. 79423, www.forsthaus-tiergarten.de

SaLü bzw. Tagesklinik
Tagesklinik am Kurpark, Uelzener Str. 1–5 (21335), Tel. 70976-700, Fax 70976-777, www.tagesklinik-am-kurpark.de, Mo–Fr 8–18 Uhr

Schiffsfahrten
Motorschiff Ilmenau (bis 35 Personen), Info über Forsthaus Rote Schleuse, Rote Schleuse 1 (21335), Tel. 79317, Fax 791265, www.rote-schleuse.de , Mai–Sep Mi u. So 14.30 Uhr ab DLRG nähe Schröder's Garten, Anmeldung erforderlich, für Gruppen nach Vereinbarung

Stadtführungen
Mai–Okt u. Dez. tgl. 11 Uhr sowie zusätzlich Sa 14 Uhr, Nov u. Jan–Apr Mi u. Sa 11 Uhr, zu bestimmten Terminen Führungen in historischer Kleidung, z.B. mit dem Nachtwäch-

ter und seiner Frau, berühmte Lüneburger oder Themenführungen, z.B. zu den Drehorten der Telenovela Rote Rosen, ab Tourist-Information im Rathaus (Dauer 1,5 Std.), für Gruppen gemäß Voranmeldung bei der Tourist-Info, Tel. 20766-20, Fax 20766-44

Stadtrundfahrten per Kutsche, s. u. Kutschfahrten

Taxi
Taxi-Zentral-Ruf, Tel. 19410

Tennisplätze
Tennisgesellschaft Lüneburg, Sportpark Kreideberg (3 Außen- und 8 Hallen-Tennisplätze), Am Wienebütteler Weg 14 (21339), Tel. 62996, Fax 681010, www.tennisgesellschaft-lueneburg.de

THC Lüneburg (10 Außen-Tennisplätze im Kurpark), Pfarrer-Kneipp-Weg, Tel. 44840, Fax 268549, www.thc-lueneburg.de

Tropolis Sportzentrum (Hallentennis), Borsigstr. 18 (21339), Tel. 33003, Fax 32100, www.tropolis-sport.de, Mo–Fr 9–23 Uhr, Sa/So 9–21 Uhr (Jun–Aug nur bis 19 Uhr)

TSV Adendorf (8 Außen-Tennisplätze), Scharnebecker Weg 15, 21365 Adendorf, Tel. 189590 (Tennisanlage) bzw. Geschäftsstelle (Di 8.30–11.30 Uhr, Mi 17.30–19 Uhr, Do 15–18 Uhr), Tel. 981079, Fax 981099, www.tsv-adendorf.de

Theater
Amateurtheater Rampenlicht, Tel. 50583, www.rampenlicht-lueneburg.de

Kleines Keller Theater, Tel. 850011 (abends), www.kleineskellertheater.de

Kulturforum Lüneburg e.V., Gut Wienebüttel, Gut Wienebüttel (Richtung Vögelsen), Tel. 671355, Fax 64824, www.kulturforum-lueneburg.de

Lüne Bühne Amateurtheater e.V., Paulus-Gemeinde, Tel. 82622, www.luenebuehne.de

Theater im e.novum , Munstermannskamp 1 (21335), Tel. 7898-222, Fax 7898-112, www.theater-im-enovum.de

Theater Lüneburg , An den Reeperbahnen 3 (21335), Tel. 752-0, Theaterkasse 42100, Fax 404210, Kasse Mo 10–13 Uhr, Di–Sa 10–13 u. 17–19 Uhr, So 17–18 Uhr sowie vor Veranstaltungsbeginn, www.theater-lueneburg.de

Theater Spot Light, Tel. 57991 (abends), www.theater-spotlight.de

Übernachten
Die Palette der Unterkünfte reicht vom einfachen Privatzimmer über Ferienwohnungen bis hin zum vornehmen 4-Sterne-Hotel. Über Anschriften, Ausstattung und Preise informiert eine Broschüre für den gesamten Landkreis Lüneburg. Sie ist erhältlich über die Tourist-Info Lüneburg, 20766-20, Fax 20766-44, www.lueneburg.de

Wohnmobil-Stellplätze

37 Stellplätze auf den Sülzwiesen, Straße Am Bargenturm (21335) in unmittelbarer Innenstadtnähe Lüneburgs

10 Stellplätze am Sportzentrum, Scharnebecker Weg, 21365 Adendorf

Wandertouren

Die Umgebung von Lüneburg bietet eine Vielzahl von Möglichkeiten zu längeren Spaziergängen oder richtigen Wandertouren. Der geübte Wanderer schafft im flachen Gelände 4 km pro Stunde, in hügeligen Gebieten etwas weniger. Rastpausen und Besichtigungen sind hinzuzurechnen. Nachfolgend einige Tourenvorschläge:

Ab Lüneburg

Lüneburg (Bahnhof) – Kalkberg – Kurzentrum – Kurpark – Tiergarten – Rote Schleuse – Kurpark – Sandplatz – Lüneburg (Bahnhof), ca. 16 km

Per Zug nach Radbruch, Radbruch (Bahnhof) – Einemhof – Alter Postweg – Dachtmissen – Reppenstedt – Gut Schnellenberg – Kalkberg – Lüneburg (Bahnhof), ca. 19 km

Ab Bleckede/Elbe

Bleckede (ZOB) – ElbSchloss – Elbtalaue – Heisterbusch – Radegaster Haken – Achterholz – Garze – Blecke-de (ZOB), ca. 12 km

Ab Amelinghausen

Amelinghausen (Rathaus) – Waldbad – Lopausee – B 209 – Kronsbergheide – Oldendorfer Totenstatt – Oldendorf – Wohlenbüttel – Amelinghausen (Rathaus), ca. 12 km

Ab Undeloh

Undeloh (Dorfmitte) – Fernwanderweg – Wilseder Berg – Wilsede, Wilseder Hof – Undeloh (Dorfmitte), ca. 9 km

Undeloh (Dorfmitte) – Radenbachtal – Sudermühlen – Parkplatz bei Sahrendorf – Undeloh (Dorfmitte), ca. 9 km

145

Amelinghausen

Postleitzahl: 21385
Telefonvorwahl: 04132

Auskünfte
Tourist-Information, Marktstr. 1, Tel. 930550, Fax 930551, www.ameling hausen.de, Jun–Sep tgl. 9–12 und 14–17 Uhr, Okt–Mai Mo–Fr 9–12 Uhr

Angeln
Im Lopausee, Angelscheine u.a. im Café Lopau-Seeblick , Café Seestübchen und in der Tourist-Information

Autovermietung
Euromobil-Partner Autohaus Bütow, Lüneburger Str. 8, Tel. 910681, Fax 487

Opel rent-Partner Autohaus Horn, Soltauer Str. 9, Tel. 600, Fax 1069, Autohaus.Horn@t-online.de

Baden
Beheiztes Waldbad, Zum Lopautal, Tel. 930088, Mo 13–20.15 Uhr, Di 6.30–20.15 Uhr, So 9–19.15 Uhr Mai–Sep

Bahnen und Busse
HVV (Hamburger Verkehrsverbund), Tel. 040-19449, www.hvv.de

Verkehrsbetrieb Osthannover GmbH (VOG), Dahlenberger Landstr. 37, 21337 Lüneburg, Tel. 87208-0 (Betreiber der Buslinien 5700 und 5702 zwischen Lüneburg und Amelinghausen, Wochen- und Monatskarten für den HVV in der Tourist-Information)

Fahrrad-Wanderbus (mit Fahrrad-Anhänger), startet ab Lüneburg, Fahrplan in der Tourist-Information Lüneburg, an Sonn- und Feiertagen Anfang Mai–Anfang Okt Lüneburg – Amelinghausen – Soderstorf (kostenlose Fahrradbeförderung), Gruppen von 8 und mehr Personen müssen vorangemeldet werden unter Tel. 04131-880724

Heide-Express (historische Sonderzugfahrten), www.heide-express.de, Informationen/Reservierungen in Tourist-Information

Bootsverleih
Kanus über Susanne Heider, Tel. 933933, Fax 932946, www.heide-kanu.de

Tretboote über das Café Lopau-Seeblick, Auf der kalten Hude 6, Tel. 1225

Campingplätze
Jugendzeltplatz an der Lopau für Gruppen bis 80 Personen, Info Tel. 930550

Mühlenkamp, Tel. 639, Fax 932742, www.muehlencamp.de

Zum Lopautal, Tel. 389, Fax 7706

Fahrradverleih
Landgasthaus Niedersachsen (auch an Gäste, die nicht übernachten)

Feste & Feiern

Frühlingstag (Sonntag vor Ostern), Freitag-Nacht-Konzerte in der Hippolit-Kirche (Anfang und Mitte Jul, jeweils Fr), Straßenfest (2. Sa im Jul), Heideblütenfest (Mitte Aug 9 Tage inkl. 2 Wochenenden), Jahrmarkt (Anfang Okt), Adventsmarkt in Rehrhof am 1. Advent, Weihnachtsmarkt (2. Advents-Wochenende), regelmäßig rustikale Dorfabende im historischen Schafstall (ca. 3 km östlich des Ortes) , Info über die Tourist-Information oder Tel. 277, Fax 910551, www.amelinghausen.de/tourist-info/schafstall-amelinghausen1.htm

Hochseilgarten

Maxwood GmbH, Seepromenade 1, Tel. 933397, www.maxwood.de, täglich 10–19 Uhr bzw. Einbruch der Dunkelheit

Kegeln

In Schenck's Gasthaus

Kutschfahrten

Hof Bartels, Alte Poststr. 14, 21386 Betzendorf, Tel. 04138/346 oder über die Tourist-Information

Minigolf

Auf dem Gelände vom Waldbad

Museen & Ausstellungen

Alte Mühle Sottorf, Oldendorfer Str. 11, Tel. 910895, Fax 88 64, www.altemuehlesottorf.de, geöffnet an den Ausstellungstagen, Webereibesichtigung ab 10 Pers. nach Absprache, Verkauf Di–Fr 13–18 Uhr

Archäologisches Museum, Amelinghausener Str. 16b, 21385 Oldendorf/Luhe, Tel. 933123, Fax 9398780, www.oldendorf-luhe.de/museum, Apr–Okt Di–Sa 14–17 Uhr, So 10–16 Uhr, Jul–Okt zusätzlich Di–Sa 10–12 Uhr, Nov–Mrz Sa 14–16 Uhr u. So 13–16 Uhr

Eulengarten, Finkenweg 18, Tel. 7804, Führungen Mai–Sep Mi u. Sa um 15 Uhr, Gruppen auch nach telefonischer Voranmeldung

Galerie im Haus, Zum Alten Sägewerk 2, Tel. 910198

Zinnfiguren-Ausstellung in der Tourist-Information

Naturpark Lüneburger Heide

Geschäftsstelle Verein Naturparkregion Lüneburger Heide, Markt-str. 1, Tel. 920972, Fax 920916, www.naturpark-lueneburger-heide.de

Reiten

Glockenhof, Soltauer Str. 2–6, Tel. 9123-0, Fax 9123-45, www.glockenhof-studtmann.de

Tennis

Tennishalle (3 Felder), Zum Lopautal, Tel. 7418

Wohnmobil-Stellplätze

Öffentliche Stellplätze: Parkplatz am Waldbad (40), Parkplatz am Lopausee (50), Parkplatz Kronsbergheide (6), Parkplatz Schwindebecker Heide (15), private auf den beiden Campingplätzen, beim Landgasthaus Niedersachsen und bei Schenck's Gasthaus.

Bleckede

Postleitzahl: 21354
Telefonvorwahl: 05852

Auskünfte
Tourist-Information im Elb-Schloss Bleckede, Schlossstraße 10, 21354 Bleckede, Tel. 9514-0, Fax 9514-99, www.elbschloss-bleckede.de, www.bleckede.de, www.lueneburger-elbtalaue.de, Apr–Okt 10–18 Uhr (Mo geschlossen), Nov–Mrz 10–17 Uhr (Mo u. Di geschlossen)

Angelscheine
Erhältlich im ElbSchloss Bleckede, s. o. , im Fährhaus, Elbstr. 15, Tel. 31 68; Uri's Angelshop, Mattias Ureidat, Nindorfer Moorweg 17, Tel./Fax 3064 und Tabakladen Ammen, Carmen Wiermann, Breite Straße 36, Tel. 390259, Fax 390257

Baden
Temperiertes Waldbad (ca. Mitte Mai–Mitte Sep) im OT Alt Garge (6 km südöstlich), Tel. 05854/334, www.waldbad-alt-garge.de, Mo 14–20 Uhr, Di–So 10–20 Uhr

Bahnen und Busse
Hamburger Verkehrsverbund (HVV), Tel. 040/19449, www.hvv.de

Heide-Express, Sonderzugfahrten mit historischem Wagenmaterial zu bestimmten Terminen auf der Strecke Lüneburg – Bleckede – Waldfrieden, siehe unter Lüneburg und im Infoteil

VOG (u.a. Betreiber der Buslinien 5100 sowie 5110/5111 (über Neetze-Scharnebeck) zwischen Bleckede und Lüneburg), Tel. 04131/880724, Fax 880789

Bibliothek
Kreisbibliothek Bleckede, Nindorfer Moorweg 2 (Schulzentrum), Tel. 978040, Mo–Do 9–14.30 Uhr, Di u. Do 15–18 Uhr, Fr 9–13 Uhr

Fahrradverleih
Rainer Soetbeer, Lauenburger Str. 3, Tel. 9519080, Fax 9519081

Restaurant Waldfrieden, Dahlenburger Str. 30, Tel. 1238, Fax 1298

W. Weber's Fahrradshop, Breite Str. 6, Tel. 1272

Fahrraddraisinen für max. 4 Personen zwischen Alt Garge und Waldfrieden, Apr–Okt, Fr–So ab Alt Garge um 10, 13 und 16 Uhr, an anderen Tagen nach Vereinbarung, IG Draisine Bleckede, Thomasburger Straße 2, Tel. 436459, Fax 979971, www.ig-draisine-elbtalaue.de

Feste & Feiern
Frühjahrsfest in der Altstadt (Anfang Mai), Info Tel. 97 715, Festival im Schloss Bleckede (Jun), Elbfischereifest (Anfang Jul), größtes Schützenfest im Landkreis Lüneburg auf dem Schützenplatz (2 Wochenenden im Jul Fr–So), Info Tel. 16 65, Historisches Burgfest im ElbSchloss

(Anfang Aug), Oldtimertag (Ende Aug), Info Tel. 05854/1084, Hafenfest (Anfang Sep)Herbstfest in der Altstadt (Mitte Okt), Info Tel. 97715, Kunsthandwerkermarkt im Elb-Schloss (Ende Okt)

Kegeln
Restaurant Waldfrieden, Dahlenburger Str. 30, Tel. 1238, Fax 1298

Restaurant am Schlosspark, Schützenweg, Tel. 500, Fax 585

Kutschfahrten
Shetty-Express (max. 4 Pers.), Gisela u. Manfred Kaußen, Barskamper Weg 23, Tel. 1320

Reit- und Fahrstall Andreas Groothoff, Jürgenstorfer Weg 20, 21398 Neu-Neetze, Tel. 05850/971333, Fax 971334, www.fahrstallgrooth off.de

Während der Saison jeden So um 14 Uhr ab ElbSchloss Storchensafari mit Planwagen, Nov–Dez winterliche Kutschfahrten an bestimmten Terminen durch die Elbtalaue, Infos über das ElbSchloss oder Fa. Groothoff, s. o.

Markt
Wochenmarkt in der Altstadt Mi 8–17 Uhr und Sa 8–13 Uhr

Museen & Ausstellungen
Informationszentrum für das Biosphärenreservat Niedersächsische Elbtalaue mit Ausstellung, Elbeaquarium, Umweltwerkstatt, Aussichtsturm und Café Fritz, ElbSchloss Bleckede, Schloßstr. 10, Tel. 9514-0, Fax 9514-99, www.elbschloss-bleckede.de, Apr–Okt 10–18 Uhr

(Mo geschlossen), Nov–Mrz 10–17 Uhr (Mo u. Di geschlossen)

Schiffsfahrten
Fährbetrieb Wilhelm, Elbfähre »Amt Neuhaus« Bleckede–Neu Bleckede für Pkw, Radfahrer und Fußgänger, Mo–Sa 5.30–23 Uhr, So 9–20 Uhr, Tel. 2255

Fahrgastschifffahrt Adolf Haak, Inh. Hans-Jürgen Haak, Estorffs Weg 12, FGS »Bleckeder Löwe« (bis 120 Personen), Tages-, Rund- und Charterfahrten, fahrplanmäßige Fahrten von Apr–Okt mit Fahrradmitnahme von Bleckede nach Radegast, Boizenburg und Lauenburg u. a. , FGS »Brummel« für Tages- und Charterfahrten auf der Elbe ab Bleckede, Abfahrt vom Elbeseitenarm an der Elbstr., Tel. 2110 u. 1810, Fax 2126, www.bleckederloewe.de

Historischer Raddampfer Kaiser Wilhelm, Info im ElbSchloss Bleckede

Tennis
Tennisclub Bleckede (3 Plätze), Geert Wuttke, Tel. 9813

Wohnmobilstellplatz:
Campingplatz, Am Waldbad 23, OT Alt Garge, Tel. 05854/311, Fax 1640, www.camping-elbtalaue.de, insgesamt 15 Stellplätze

Yachthafen
Yachthafen am Elbenebenarm mit Vereinshaus der Bleckeder Bootsfreunde von 1927 e.V., Sitz des Hafenmeisters und zuständig für Gäste, Tel. 265

Scharnebeck

Postleitzahl: 21379
Telefonvorwahl: 04136

Auskünfte
Verkehrsverein e.V./Tourist-In-
formation, Marktplatz 1 (Im Rathaus), Tel. 907-21, Fax 907-35,
www.scharnebeck.de

Baden
Im Inselsee nordwestlich von Scharnebeck

Bibliothek
Kreisbibliothek Scharnebeck, Schulzentrum, Duvenbornsweg, Tel.
912999, Mo 11.30–16.30 Uhr, Di–Fr
8–13.30 Uhr, Do zusätzlich 15.30–
17.30 Uhr

Fahrradverleih
Im Gasthaus Rose

Feste & Feiern
Tour de Marsch, Norddeutschlands
größtes Volksradfahren (So Anfang
Mai)

Golf
36-Loch-Anlage auf dem Gelände von Schloss Lüdersburg 8 km
nordöstlich von Scharnebeck,
Tel. 04139/697073, Fax 697070,
info@luedersburg.de

Kegeln
Doppelkegelbahn im Gasthaus
Rose

Markt
Wochenmarkt jeden Do ab 14 Uhr
auf dem Marktplatz

Reiten
Reithalle Schiffshebewerk, Bardowicker Str., Tel. 526

Schiffsfahrten
Reederei Helle, Amselweg 5, Tel.
403, Fax 7230, www.reederei-
helle.de

Fahrten durch das Schiffshebewerk
im Apr Sa, So und Feiertage, Mai–
Sep tgl. jeweils 11.30 Uhr, 13.30 Uhr
und 15 Uhr, für Gruppen ab 25 Personen vom 1. 4. bis 31. 10. auch um
10 und 16 Uhr, Fahrtdauer 45 Min.
bis 1 ¼ Std. abhängig vom Schiffs-
verkehr. Weitere Fahrgebiete: Elbeseitenkanal, Elbe und Elbe-Lübeck-
Kanal

Schiffshebewerk
Ausstellungshalle, Tel. 9126 2931,
15. Mrz–31. Okt tgl. 10–18 Uhr

Tennis
Tennis-Club 76, Meisterstr. 19a,
Tel. 538

Undeloh

Postleitzahl: 21274
Telefonvorwahl: 04189

Auskünfte

Verkehrsverein Undeloh und Umgebung e.V., Zur Dorfeiche 27, Tel. 333, Fax 507, www.undeloh.de, Aug–Sep Mo–So 10–12 Uhr, Mo, Di, Do u. Fr 15–18 Uhr, Sa 15–17 Uhr, Mai–Jul und 1.–15. Okt Mo, Di, Do, Fr 10–12 u. 15–17 Uhr, Sa 10- 12 Uhr, 15. Okt–Ende Apr lt. Ansage.

Ferienregion Nordheide, Rathausplatz 4, 21244 Buchholz/Nordheide, Tel. 04181/282810, Fax 282890, www.ferienregion-nordheide.de, Mo–Fr 9–12.30 und 14–17.30 Uhr, Sa 10–13 Uhr

Baden

Nächste Freibäder in Egestorf (8 km) und Hanstedt (10 km)

Bahnen und Busse

HVV (Hamburger Verkehrsverbund), Tel. 040/19 449, www.hvv.de

Bus-Haltestelle Osterdiecksfeld, Linie 5200 von/nach Wesel – Undeloh – Salzhausen – Lüneburg, ferner Linie 4207 von/nach Hanstedt oder Linie 4631 von/nach Buchholz/Nordheide, beide mit Anschluss von/nach Hamburg

Fahrradverleih

Hotel Heiderose, Wilseder Str. 13, Tel. 311, Fax 314, 7.30–23 Uhr (60 Räder)

Klaus Schlegel im Seume-Haus, Wilseder Str. 23, Tel. 294, Fax 818449, 10–18 Uhr Apr–Okt (90 Räder)

Smes-Hof, Wilseder Str. 7, Tel. 234, Fax 664, www.smes-hof.de, 9–18 Uhr (30 Räder)

Feste & Feiern

Faslamsfest (Januar), Schützenfest in Wesel (Ende Mai), Dorffest (Mitte Juli), Musik in alten Heidekirchen, Sonntags im Wechsel m. Egestorf von Jul–Sep in der St.-Magdalenenkirche, Teichfest in Wesel (Okt)

Kutschfahrten

Direkte Zusteigemöglichkeiten auf den Höfen bzw. an den Haltestellen entlang der Straßen Zur Dorfeiche und Wilseder Straße oder auf Vorbestellung

Hof Garbers, Zur Dorfeiche 4,
Tel. 452, Fax 811025,
www.garbershof.de

Hof Hartig, Wilseder Str. 6, Tel. 422,
Fax 818065, www.undeloh.de/
hertha-hartig

Heidehof, Zur Dorfeiche 22, Tel. 457,
Fax 468

Ferienhof Heins, Zur Dorfeiche 12, Tel. 541, Fax 811046,
www.ferienhofheins.de

Hof Schröder, Zur Dorfeiche 21,
Tel. 218, Fax 811026, www.hof-
schroeder.de

Hotel Heiderose, Wilseder Str.
13, Tel. 311, Fax 314, www.hotel-
heiderose.de

Smeshof, Wilseder Str. 7, Tel. 234,
Fax 664, www.smes-hof.de

Museen, Ausstellungen

Galerie Orient Lights, Weseler
Dorfstr. 27, OT Wesel, Tel. 818704,
www.orientalische-kunst.de, Mi, Sa
u. So 11–18 Uhr

Heimatmuseum »Dat ole Huus«,
OT Wilsede 9b, 29646 Bispingen,
Tel. 04175- 802933, Mai–Mitte
Okt Di–So 10–16 Uhr

Seume-Haus, Wilseder Str. 23,
Tel. 818648, Mai–Sep Di–So 10–16
Uhr oder nach Vereinbarung

Register

Register

Reisen mit der EDITION TEMMEN:

978-3-86108-957-5
9.90 €

978-3-86108-419-8
10.90 €

978-3-86108-416-7
10.90 €

978-3-86108-489-1
10.90 €

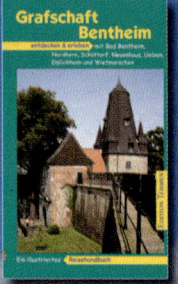

978-3-86108-925-4
9.90 €

978-3-86108-963-6
9.90 €

978-3-86108-440-2
9.90 €

978-3-86108-417-4
10.90 €

978-3-86108-418-1
10.90 €

978-3-86108-472-3
10.90 €

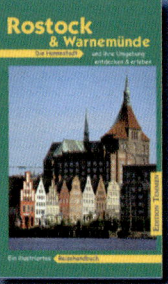

978-3-86108-478-5
10.90 €

978-3-86108-927-8
9.90 €